이 책은 방일영문화재단의 지원을 받아 저술·출판되었습니다.

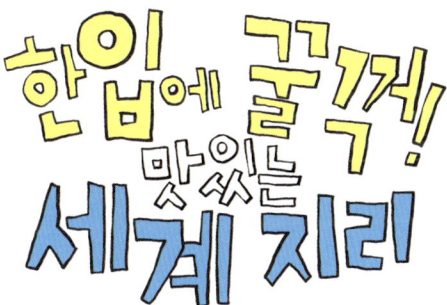

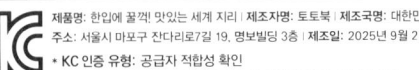

1판 1쇄 발행 2009년 6월 15일
1판 22쇄 발행 2025년 9월 2일

글 류현아 | 그림 임익종 | 펴낸이 이재일

편집 조연진 | 제작·마케팅 강백산, 강지연, 김주희 | 디자인 권석연
펴낸곳 토토북 | 출판등록 2002년 5월 30일 제2002-000172호.
주소 04034 서울시 마포구 잔다리로7길 19, 명보빌딩 3층 | 전화 02-332-6255 | 팩스 02-6919-2854
홈페이지 www.totobook.com | 전자우편 totobooks@hanmail.net | 인스타그램 totobook_tam
ISBN 978-89-90611-76-5 73980

ⓒ 류현아, 임익종 2009
이 책은 저작권법에 의해 보호를 받는 저작물이므로 무단 전재 및 무단 복제를 금합니다.
잘못된 책은 구입하신 곳에서 바꾸어 드립니다.

KC	제품명: 한입에 꿀꺽! 맛있는 세계 지리 | 제조자명: 토토북 | 제조국명: 대한민국 | 전화: 02-332-6255 주소: 서울시 마포구 잔다리로7길 19, 명보빌딩 3층 | 제조일: 2025년 9월 2일 | 사용연령: 8세 이상 * KC 인증 유형: 공급자 적합성 확인 * KC마크는 이 제품이 공통안전기준에 적합하였음을 의미합니다.
⚠ 주의	책의 모서리에 다치지 않게 주의하세요.

사회 공부가 즐거워져요
한입에 꿀꺽! 맛있는 세계 지리

류현이 글 | 임익종 그림
류재명(서울대학교 지리교육과 교수) 추천

www.totobook.com

추천의 글
글로벌 리더를 꿈꾸는 어린이에게

　나는 책을 쓰는 꿈을 자주 꿉니다. 전부터 '어린이와 청소년들에게 글로벌 비전과 리더십의 꿈을 키울 수 있는 책을 써야지!'라고 생각해 왔습니다. 재미있게 읽으면서 세계 여러 나라에 대한 상식을 얻고 이를 바탕으로 큰 꿈을 키울 수 있는 책이 있었으면 좋겠다고 생각했던 것이지요.
　류현아 작가가 쓴 이 책을 보고 '아하!' 하는 탄성이 절로 나왔습니다. 바로 '내가 꼭 한번 써 봐야지' 하고 마음먹었던 내용이기 때문입니다. 국문학을 공부한 작가가 언제 세계 지리에 대한 공부까지 하여 이렇게 훌륭한 책을 썼는지요.
　또 한 가지 이 책을 보고 깜짝 놀랐던 이유가 있습니다. 내가 좋아하는 임익종 작가가 그림을 그렸기 때문입니다. 인터넷에서 임익종 작가의 일기를 보는 재미 하나만으로도 하루가 행복했던 적이 한두 번이 아니었습니다. 배꼽을 잡고 혼자서 낄낄댄 적도 많습니다. '언젠가 만나 봐야지!' 하는 바람을 가지기도 했습니다. 이 책을 읽는 어린이들도 귀엽고 재치 있는 임익종 작가의 그림에 반하게 될 거라고 믿습니다.
　여러분, '혜초'라는 사람을 아나요? 혜초는 신라 시대에 인도에 가서 공부를 한 유명한 학자입니다.《왕오천축국전》이라는 유명한 지리책을

남기기도 했지요. 혜초가 살았던 그 시절에는 인터넷이 없었겠지요? 텔레비전도 라디오도 신문도 없던 시절입니다. 인도에 가는 여행 정보는 어디서 얻었을지 참으로 놀랍습니다. 그런 시절에도 더 넓은 세계로 나아가려는 사람들의 마음은 지금과 마찬가지였던 모양입니다.

지금은 여러 가지 매체가 발달해서 혜초가 살았던 시대보다 훨씬 더 편리하게 이 세계에 대한 정보를 얻을 수 있으니 즐거운 일입니다. 시간과 비용이 많이 들어서 쉬이 세계 여행을 떠날 수는 없지만 이제는 직접 가 보지 않고도 텔레비전과 책, 또는 인터넷을 통하여 세계 곳곳을 여행할 수 있습니다. 여행은 언제나 자유롭고 즐겁습니다. 책상 앞에 앉아 책을 읽으면서도 '상상 여행'을 떠난다고 생각하면 행복해집니다.

오늘날과 같이 창의력과 상상력이 중요한 디지털 사회에서는 '상상 여행'의 가치가 참으로 큽니다. 상상에는 아무런 장벽이 없습니다. 마음 놓고 자유롭게 상상 여행을 즐겨 보기 바랍니다. 여러분이 상상 여행을 떠날 때 이 책이 큰 도움이 될 것입니다. 이 책을 읽고 나면 여러분의 마음속에서 세계를 무대로 하는 큰 꿈이 쑥쑥 자라고 있음을 느낄 수 있을 겁니다.

류재명 (서울대 지리교육과 교수)

작가의 글
세계 지리 상식으로
세상 보는 눈을 키워 보세요

어릴 적 저의 세상은 아주 작았습니다. 제가 살던 마을엔 버스도 안 다녔고, 초등학교 6년 내내 똑같은 친구들과 한 반으로 지냈어요. 중학교 생활도 규모가 조금 커졌을 뿐 크게 다르지 않았지요.

그래서일까요? 저에게는 우리나라만 해도 아주 큰 세상으로 여겨졌어요. 도무지 나라밖엔 관심이 가질 않았지요. 당연히 지리 공부는 너무나 지루했어요. 다른 친구들도 저와 마찬가지일 거라고 지레 짐작하고 있었답니다.

그런데 대학교 때 만난 친구는 저와 참 달랐어요. 세계 여행을 다녀온 것도 아닌데, 지구촌 구석구석을 너무나 잘 알고 있는 거예요. '우물 안 개구리' 같았던 제 눈에 그 친구의 모습은 참으로 멋져 보였어요. 한참 뒤 그 친구의 집에 가 보고서야 그 비결을 알 수 있었지요. 똑똑한 그 친구네 집 곳곳에는 커다란 세계 지도가 걸려 있었던 거예요.

어린이 신문 기자로 일하면서 늘 '어떤 기사가 독자들에게 도움이 될까'를 고민하곤 합니다. 가끔은 저의 어린 시절을 돌아보기도 해요. 어느 날엔가는 지리 때문에 골머리를 앓던 기억이 떠올랐어요. 그리고 지구촌 시대를 살아가고 있는 요즘 어린이들에게 세계 지리는 더더욱 상

식이나 마찬가지가 아닐까 싶었지요. 지난 2007년 3월부터 이듬해 5월까지 소년조선일보에 연재돼 큰 인기를 끌었던 기획물 〈아하! 그렇구나 세계지리〉는 그렇게 시작되었습니다. 학부모들의 반응도 뜨거웠는데, 아마 그 분들도 어릴 때 저와 비슷한 경험을 했을 거예요.

《한입에 꿀꺽! 맛있는 세계 지리》는 신문에 연재됐던 기사들을 다듬어 모은 책입니다. 신문에서는 지면이 좁아 넣지 못했던 이야기들을 크게 보강했고, 최신 뉴스를 더해 좀 더 생생하고 정확한 지리 정보책이 되게 했습니다. 여기에 재미있는 삽화와 지도, 사진까지 더했답니다.

세계 지리는 좁게는 사회 공부에 도움이 되고, 넓게는 세상을 보는 눈, 세계 역사를 이해하는 눈을 키워 줍니다. 부디 이 책이 어린이들의 시야를 넓히는 데 조금이나마 도움이 됐으면 좋겠습니다.

류현아

차례

지도 속 세계 지리

종이 위에서 휴대전화 속으로 • 12
지구는 둥글지만 지도는 평면이야 • 15
이 선을 넘으면 날짜가 달라져 • 18
11번 시간이 달라지는 나라 • 22
육지를 모두 합쳐도 태평양보다 작아 • 25
유럽과 아시아의 경계는 어디일까? • 28
오세아니아? 그게 어디지? • 31
아프리카 지도는 그리기 쉬워 • 34

세계 최고는 무엇?

세계 최고로 긴 나라 북쪽엔 사막, 남쪽엔 빙하 • 42
세계 최고로 작은 나라 인구가 1000명도 채 안 돼 • 45
세계 최고로 깊은 바다 에베레스트 산도 푹 담글 수 있어 • 49
세계 최고로 깊은 호수 맑고 깨끗한 '시베리아의 진주' • 52
세계 최고로 긴 강 기네스북도 잘 모른대 • 56
세계 최고로 긴 산맥 높은 곳에 위치한 도시들 • 59
세계 최고로 긴 철도 지구 둘레의 4분의 1을 달리는 기차 • 62
세계 최고로 추운 곳 98%가 얼음으로 덮인 남극 • 65
세계 최고로 큰 바위 한 바퀴 도는 데 2시간이 걸려 • 69

이름에 담긴 세계 지리

바다 이름에 담긴 비밀 • 76
에베레스트 산의 진짜 이름은? • 80
도대체 얼마나 춥길래 아이슬란드(Iceland)? • 83
우루과이와 파라과이는 친한 사이일까? • 86
서인도 제도와 인도는 무슨 관계? • 89
나라 이름에 이런 뜻이! • 92
나라 이름엔 이런 뜻도! • 95

지구촌 곳곳 나라 사정

러시아는 울고 미국은 콧노래 • 102
석유 가격이 계속 오르는 이유는? • 106
정부를 비판하는 뉴스는 나오지 않는 나라 • 109
카스피 해를 둘러싼 다섯 나라의 분쟁 • 112
새똥 덕에 부자 되었다가 이제는 알거지 신세! • 115
아랍? 이슬람? 중동? • 119
언어 지도 펼치면 역사가 보여 • 122
작지만 알찬 부자 나라 룩셈부르크 • 126
사막 위에 최대 스키장을 만든 나라 • 129

온난화와 세계 지리

그린란드는 정말 초록 섬일까? • 136
사막이 커지면 황사도 심해져 • 139
한반도는 아열대 기후? • 142
바닷속으로 가라앉는 섬나라들 • 145
북극의 얼음이 녹으면 어떻게 될까? • 148
쪼그라드는 호수, 차드 호 • 152
베네치아도 물에 잠기고 있어 • 155

지도 속 세계 지리

지도는 우리가 살고 있는 땅의 모양새를
낱낱이 알려 주는 친절한 도구입니다.
각 나라의 흥미진진한 이야기를 들려주기도 하지요.
지리를 재미있게 공부하려면 먼저 지도와 친해져야 합니다.
세계 지리의 첫 발, 지도와 친구가 되어 보아요.

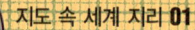

종이 위에서 휴대전화 속으로

지도는 여행을 떠날 때 빼놓을 수 없는 준비물입니다. 정확한 지도 한 장만 있으면 처음 가보는 길도 낯설지 않아요. 사람들은 언제부터 지도를 그렸을까요?

지도의 역사는 아마 문자의 역사보다 길 거예요. 문자가 있기 전부터 사람들은 자기가 살고 있는 곳을 돌이나 조개 따위로 그려 놓곤 했으니까요.

지금까지 알려지기로는 기원전 1300년 쯤에 만들어진 누비아 지방(이집트 남부)의 금광 지도가 가장 오래된 지도입니다. 요즘과 같은 종이가 발명

되기 한참 전이라 '파피루스'라는 갈대로 만든 종이에 그려졌는데, 아쉽게도 실물은 전해지지 않습니다.

현재 남아 있는 세계 지도 중 가장 오래된 것은 고대 바빌로니아 지방(이라크 남부)의 점토판 지도입니다. 기원전 700~500년에 만들어진 이 지도에는 두 개의 큰 원이 그려져 있습니다. 원의 안쪽에는 육지가, 바깥쪽에는 바다가 표시돼 있어요.

바빌로니아의 점토판 지도

15~17세기에 지도는 눈에 띄는 발전을 거듭합니다. 아메리카 대륙, 오스트레일리아 등 지리상의 큰 발견이 있었고, 인쇄술이 크게 발달해 지도 만들기가 편리해졌기 때문이지요. 특히 16세기 후반 네덜란드의 지리학자 메르카토르가 고안한 새 투영법은 새로운 지도 제작 시대를 열어요.

우리나라 최초의 세계 지도는 1402년 김사형, 이무, 이회 등이 조선 태종의 명으로 작성한 '혼일강리역대국도지도'입니다. 이 지도는 가로 164cm, 세로 148cm로 크기가 꽤 커요. 중국이 지도의 중앙에 크게 그려져 있고, 우리나라가 그 다음으로 크게 그려져 있습니다. 땅 이름이 자세하게 표기되어 있으며, 한반도의 모습도 현대 지도와 매우 비슷합니다. 특히 이 지도에는 어설프기는 하지만 유럽과 아프리카, 아랍, 인도까지 모두 포함되어 있습니다. 아메리카 대륙과 오스트레일리아 정도만 빠져 있을 뿐이에요.

예전에는 지도를 그리기 위해 반드시 현장 조사가 필요했습니다. 조선 후기 지리학자인 김정호(?~1866년)가 '대동여지도'를 그리기 위해 27년 동안 전국 방방곡곡을 답사한 일은 유명합니다.

그러나 지금은 그럴 필요가 전혀 없습니다. 사무실에 가만히 앉아서도 인공위성 등 다양한 첨단 장비를 이용해 정확한 지도를 척척 그릴 수 있는 세상이니까요.

지도를 뜻하는 영어 단어 'Map'은 '신호용 천'을 뜻하는 라틴어 'Mappa'에서 왔다고 합니다. 그러나 이제 지도는 더 이상 천이나 종이에 갇혀 있질 않습니다. 컴퓨터 모니터, 휴대전화 속에도 살아 있지요. 지도가 앞으로 또 어떤 모습으로 발전할지 알 수는 없지만, 지도가 발전하는 만큼 우리의 생활도 편해진다는 사실만은 분명합니다.

지도 속 세계 지리 02

지구는 둥글지만 지도는 평면이야

　세계 지도를 펼쳐 보세요. 북아메리카 북동부 대서양과 유럽 대륙의 노르웨이 서쪽 바다 중간에 커다란 섬 하나가 있지요? 그린란드입니다. 대부분의 지도에서 무척 커 보이는 이 섬의 넓이는 216만 6086㎢랍니다.

　다시 남아메리카 대륙을 찾아볼까요? 언뜻 보기에 그린란드와 크기가 비슷해 보이죠? 그러나 남아메리카의 면적은 1860만 ㎢랍니다. 그린란드보다 무려 9배 가까이 크죠.

　이번엔 지구본에서 두 곳을 찾아볼까요? 지도에서와는 달리 차이가 뚜렷하게 드러날 거예요. 왜 지구본에는 이렇게 크기가 정확하게 나타나는데, 지도에서는 그렇지 않은 걸까요?

　지구는 둥글어요. 지도는 평평하지요? 둥근 지구를 평평한 지면에 옮긴다고 생각해 보세요. 당연히 문제가 생길 수밖에 없습니다.

잘 이해가 안 된다고요? 그럼 한 가지 실험을 해 볼까요? 오렌지 껍질을 벗겨서 도화지 위에 붙여 보세요. 껍질의 곡선을 그대로 살리면서 도화지 위에 붙일 수가 있나요? 아마 생각만큼 쉽지 않을 거예요.

지도를 그리는 방법은 다양합니다. 우리가 보는 지도는 대부분 '메르카토르 도법'을 따른 것이에요. 네덜란드의 지도 제작자인 메르카토르가 1569년 자신의 이름을 붙여 만든 투영법이랍니다.

메르카토르 도법에서는 경선(남극과 북극을 이은 가상의 선)과 위선(적도에 평행한 선)이 직각으로 만납니다. 그렇지만 실제의 경선은 남극과 북극이라는 꼭지점으로 한데 모아집니다. 직선이 될 수가 없는 것이지요. 완만한 곡선을 직선으로 펴 놓았으니 어떤 일이 벌어질까요? 극지방에 가까워질수록 면적이 부풀려집니다. 북극에 가까운 그린란드가 실제보다 훨씬 크게 그려지는 이유는 바로 이 때문입니다. 같은 이유로 유럽과 러시아도 메르카토르 도법으로

그려진 지도에서는 실제보다 커집니다. 반면 위도 33~38° 사이에 있는 우리나라는 불행인지 다행인지 제 크기 그대로 그려지지요.

 이러한 문제점에도 불구하고 메르카토르 도법은 여전히 많이 쓰입니다. 항해용으로 만들어져 방위가 정확하고, 또 오랫동안 사용해 눈에 익숙하기 때문입니다. 무엇보다 방향과 면적, 모양 이 3가지 모두를 완벽하게 표현할 수 있는 투영법은 아직 없답니다. 결국 각 지도의 목적에 맞는 한 방법을 선택할 수밖에 없어요. 원과 평면은 잘못된 만남인 걸까요?

지도 속 세계 지리 03

이 선을 넘으면 날짜가 달라져

《80일간의 세계 일주》라는 책을 읽어 보았나요? 19세기 말에 발표돼 지금까지도 큰 인기를 누리고 있는 이 책은 영국 신사 필리스 포그의 흥미진진한 세계 여행기를 담고 있습니다. 포그는 친구들과 '80일간의 세계 일주'에 2만 파운드 내기를 합니다. 80일 만에 세계 일주를 한다는 건, 지금처럼 비행기도, 빠른 기차나 배도 없었던 그 시절에는 불가능한 일이었죠. 하지만 그는 씩씩하게 동쪽을 향해 런던을 출발합니다. 그리고 온갖 역경과 고난 끝에 다시 런던으로 돌아옵니다. 하지만 약속한 시간보다 5분이 지난 뒤였습니다. 실망한 포그는 자포자기하고 자신의 집으로 돌아갑니다. 그런데 다음 날 하인 파스파르투가 숨을 헐떡이며 찾아와 이렇게 말합니다. "아직 하루가 남았었다"고 말입니다. 그때야 포그는 자신의 착각을 깨닫지요. 그는 '날짜 변경선'을 까맣게 잊고 있었던 것입니다.

　세계 지도의 중심, 태평양 한가운데에는 세로선 하나가 그어져 있습니다. 마치 전 세계를 두 개로 나누는 것처럼 보이는 이 선이 바로 날짜 변경선입니다.

　그런데 이 선은 직선이 아닙니다. 북쪽에서 남쪽으로 내려오다가 알래스카 부근에서 한 번, 그 아래 알류산 열도 근처에서 다시 한 번 꺾입니다. 이후 줄곧 곧게 내려오다가 다시 오세아니아 부근에서 삐뚤빼뚤하지요.

날짜 변경선이 무엇인지부터 알아볼까요?

날짜 변경선은 '날짜를 변경하기 위해 일부러 그어 놓은 경계선'입니다. 19세기 말 미국에서 열린 국제 자오선 회의에서 결정한 것이지요. 이 선을 넘나들 때마다 날짜가 달라집니다. 서쪽에서 동쪽으로 이동하면 하루를 빼야 하고, 동쪽에서 서쪽으로 넘어가면 하루를 더해야 합니다. 왜 이런 선이 필요할까요?

지구는 24시간마다 한 번 자전(360° 회전)하며, 이에 따라 경도 15°에 1시간씩 시차가 생깁니다. 따라서 날짜를 정할 때 이 차이를 고려하지 않으면 곤란해집니다.

예를 들어 순간이동으로 지구를 한 바퀴 돈다고 가정해 봅시다. 한국시각이 1월 1일 0시일 때 동쪽으로 180° 이동하면 12시간이 더해져 1월 1일 12시(180°÷15°=12시간)가 됩니다. 다시 동쪽으로 90° 이동하면 6시간이 더해져 1월 1일 18시(90°÷15°=6시간), 여기서 다시 동쪽으로 한 번 더 90° 이동해 한국으로 돌아오면 다시 6시간이 더해져 1월 2일 0시가 됩니다. 1초도 안 되는 짧은 시간이 지났을 뿐인데 말입니다.

그러나 날짜 변경선이 있으면 이야기가 달라집니다. 동쪽으로만 계속 이동해 제자리에 돌아와도 한국은 다시 1일 0시가 됩니다.

이제 포그 씨의 착각이 이해가 되나요? 그는 런던을 출발해 동쪽으로 지구를 한 바퀴 돌았습니다. 날짜 변경선도 넘었지요. 당연히 전체 여행 일수에서 하루를 빼야 하는데, 그걸 깜빡한 것입니다.

날짜 변경선은 모두 바다를 통과합니다. 섬과 육지를 피해서 그렸기 때문이지요. 그래서 직선이 아닌 삐뚤빼뚤한 모습입니다. 만약 이 선이 섬이나 육지 한가운데를 지난다면 어떤 일이 벌어질까요? 한쪽은 12월 31일, 또 한쪽은 1월 1일인 황당한 상황이 발생하겠지요?

지도 속 세계 지리 04

11번 시간이 달라지는 나라

　세계에서 국토가 가장 넓은 나라는 러시아입니다. 면적 1707만 5400㎢로, 남한보다 무려 171배나 크지요. 북쪽으로는 북극해, 동쪽으로는 태평양과 만납니다. 남쪽으로 북한, 중국, 몽골, 카자흐스탄, 아제르바이잔, 그루지야, 서쪽으로는 우크라이나, 벨로루시, 라트비아, 폴란드, 리투아니아, 에스토니아, 핀란드, 노르웨이 등에 닿아 있지요.

　그렇지만 인구는 국토 면적에 훨씬 못 미칩니다. 1억 4521만 7670명(2012년 기준)으로, 세계 9위 수준입니다. 인구 밀도가 낮아 1㎢ 안에 사는 사람의 수가 고작 8.3명밖에 안됩니다. 참고로 우리나라의 인구는 4886만 500명(2012년 기준)으로 세계 25위 수준이지만, 인구 밀도는 489명/㎢이나 됩니다! 국토가 좁으니까요.

　국토 면적 세계 2위는 캐나다(998만 4670㎢)입니다. 북아메리카 대륙의 3분의 1이나 차지하고 있어요. 그러나 인구는 우리나라보다도 훨씬 적습니다. 3430만 명(2012년)에 불과해요. 땅은 넓지만 정작 사람이 살 수 있는 곳은 한정되어 있기 때문입니다.

  3위는 미국(962만 6630㎢)입니다. 이밖에 이웃나라 중국(959만 6960㎢)과 브라질(851만 1965㎢)이 각각 국토 면적 세계 4, 5위를 차지하고 있습니다. 인구(13억 4324만 명)는 중국이 세계 1위이지요.

  국토가 동서로 넓은 나라들은 지역마다 기준 시간이 달라요. 지구는 24시간마다 한 번 자전하며, 이에 따라 경도 15°에 1시간씩 시차가 생깁니다.

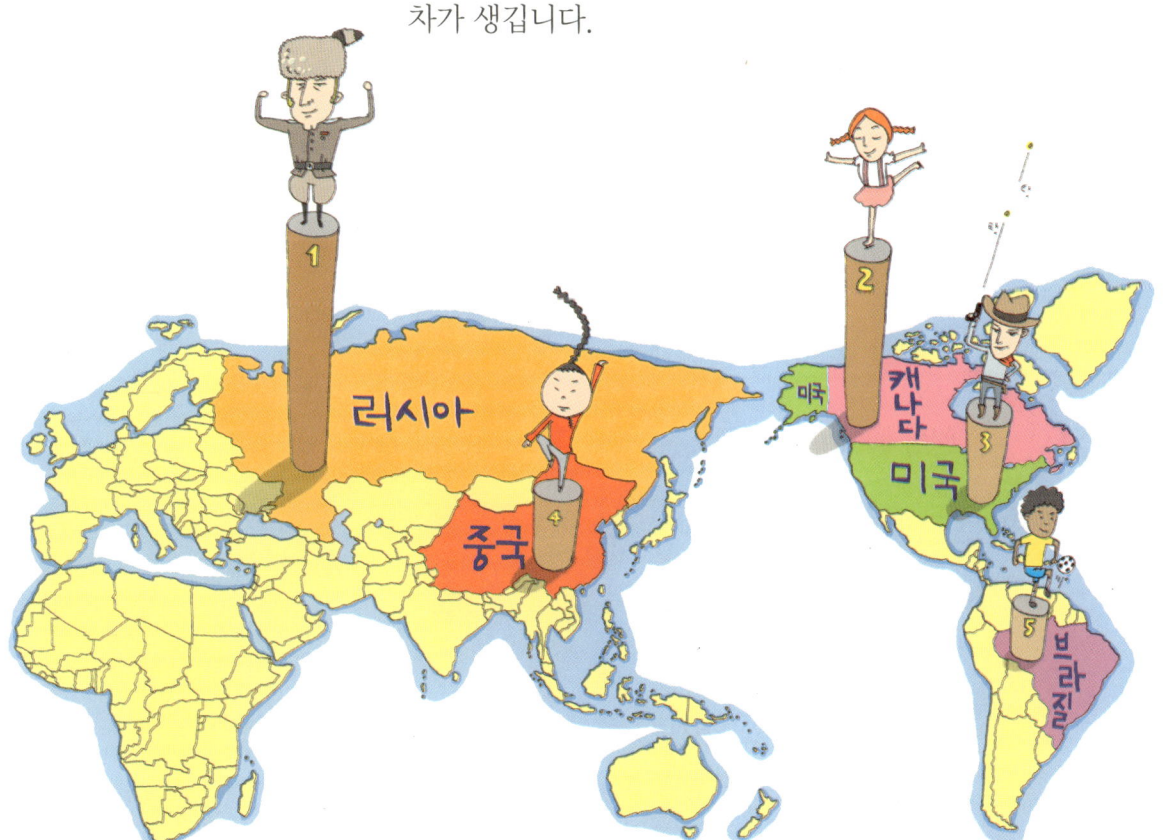

러시아의 경우 동서 길이가 무려 9000㎞나 되고, 양쪽의 경도 차이는 170°나 납니다. 따라서 러시아 안에는 무려 11가지(170°÷15°≒11시간)의 시간대가 있습니다. 국토의 맨 동쪽 지역에 아침 해가 뜰 때 맨 서쪽에서는 전날의 해가 지는 셈입니다. 미국도 마찬가지입니다. 본토에만 4가지 시간대가 있지요.

그런데 예외인 나라가 있습니다. 중국이죠. 중국의 동쪽 끝과 서쪽 끝은 경도 차가 60° 이상 나지만, 이 나라에는 한 가지 시간대밖에 없습니다. 원래는 4가지 시간대가 있어야 하는데 말이지요. 한 가지 시간의 기준이 되는 곳은 수도인 베이징입니다. 1949년 사회주의 국가가 들어서면서 통치를 쉽게 하기 위해 시간대를 통일시켜 버렸다고 하네요. 환한 대낮과 컴컴한 새벽이 같은 시간대인 나라. 참 신기한 나라입니다.

지도 속 세계 지리 **05**

육지를 모두 합쳐도 태평양보다 작아

　신문이나 TV 뉴스를 보면 '5대양 6대주'라는 말이 심심찮게 나옵니다. '5대양 6대주를 누비는 한국 기업', '인재들이 5대양 6대주에서 모여들었다' 하는 식이지요. 5대양 6대주란 무엇을 말하는 것일까요?

　5대양 6대주는 지구를 나누는 방법 중 하나입니다. 바다를 크게 5개로, 육지를 크게 6개로 나눈다는 뜻이지요.

　'대양(大洋)'이란 거대한 땅 덩어리를 뜻하는 '대륙'에 대응하는 말입니다. 물이 고여 있는 넓고 깊은 곳을 일컫지요. 지구의 전체 표면적은 5억 1010만 ㎢입니다. 이 중 약 71%를 바다가 차지하고 있어요.

　대양은 태평양, 대서양, 인도양, 이렇게 3대양을 기본으로 합니다. 여기에 북극해와 남극해를 추가해 5대양을 이루지요.

　5대양 중에서 가장 넓고 깊은 곳은 태평양이에요. 태평양의 면적은 1억 6524만여 km^2로, 세계 바다 면적의 절반이나 차지합니다. 지구상의 모든 육지를 다 합한 것보다도 더 넓어요. 태평양은, 동쪽은 남·북아메리카 대륙, 서쪽은 아시아와 오스트레일리아, 남쪽은 남극 대륙, 북쪽은 북극권으로 둘러싸여 있습니다.

　그 다음으로 큰 곳은 대서양입니다. 유럽과 아프리카 대륙, 그리고 남·북아메리카 사이에 있는 바다예요.

　인도양은 남아시아, 아프리카, 오스트레일리아에 접하면서 남극까지 뻗어 있습니다. 섬들로 이뤄진 작은 나라들이 대부분 이곳에 있지요.

　북극해는 가장 작고 얕으며, 1년 내내 얼음투성이입니다. 남극해

역시 수면의 온도가 1년 내내 빙점에 가까워, 바다 아래로 약 150m 까지는 생물이 거의 살지 못합니다.

그런데 어떤 사람들은 대양을 7개로 나누기도 합니다. 태평양과 대서양을 남북으로 나눠 남·북태평양, 남·북대서양, 인도양, 남극해, 북극해로 나누는 것이지요.

6대주는 6개 대륙을 뜻합니다. 아시아, 유럽, 아프리카, 오세아니아, 남·북아메리카로 구분합니다. 이 중 가장 면적이 넓은 곳은 우리가 살고 있는 아시아입니다. 아시아와 유럽은 한 덩어리로 연결돼 있어 '유라시아'라고 부르기도 하지만, 보통은 우랄 산맥을 기준으로 둘로 나눕니다.

그렇다면 남극과 북극은 어디에 해당할까요? 무 자르듯 명확하게 지역을 구분하기가 참 애매합니다만, 북극과 남극은 5대양 6대주 어디에도 해당되지 않는 예외 지역으로 보는 것이 보통입니다.

한편으로는 남극을 제7의 대륙으로 보는 견해도 있습니다. 지구 전체 육지의 약 10%를 차지할 만큼 면적이 넓은데다가, 지하자원이 엄청나게 많아서 이용 가치가 크기 때문이지요. 5대양 6대주라는 말 대신 5대양 7대주라는 말이 쓰일 날이 머지 않았는지도 모릅니다.

지도 속 세계 지리 **06**

유럽과 아시아의 경계는 어디일까?

'유라시아'라는 말을 들어본 적이 있나요? 아시아와 유럽을 하나로 묶어서 유라시아 대륙이라고 부른답니다. 유라시아는 다른 대륙들보다 훨씬 커요. 전 세계 육지의 40%나 차지하지요. 또한 전 세계 인구의 75%가 이곳에 모여 산답니다.

그렇지만 우리는 유럽과 아시아를 하나로 묶어 부르기보다는 따로 떼어 놓는 것에 훨씬 익숙하지요. 유럽과 아시아는 그곳에 사는 사람들 외모에서부터 문화와 역사, 종교, 언어에 이르기까지 다른 점이 너무나 많거든요. 그렇다면 유럽과 아시아는 어떻게 나눌까요? 하나의 땅 덩어리로 연결돼 있는데, 뚜렷한 경계가 있을까요?

지리학자들은 보통 우랄 산맥과 카스피 해, 흑해를 기준으로 유라시아 대륙을 나눈답니다. 카스피 해와 흑해를 중심으로 남쪽에 있으면 아시아, 북쪽에 있으면 유럽으로 치는 것이지요. 가장 중요

한 기준인 우랄 산맥은 동경 60° 부근, 러시아 땅 북극해 연안에서부터 남쪽 우랄 강까지 남북으로 2100㎞ 이상 길게 뻗어 있어요. 보통 이 산맥 동쪽을 아시아, 서쪽을 유럽이라고 부른답니다.

그런데 이 기준들로 볼 때 두 대륙에 모두 걸쳐 있는 나라들이 있어요. 러시아와 터키입니다. 러시아는 국토의 75% 이상이 우랄 산맥 동쪽에 위치하고 있어요. 그러나 별 이견 없이 유럽 국가로 인정받고 있습니다. 문화적·인종적 특징으로 볼 때 유럽에 훨씬 더 가깝기 때문이에요. 수도(모스크바)가 산맥 서쪽에 위치해 있기 때문이기도 합니다. 하지만 터키는 문제가 좀 복잡해요. 우선 국토의 97% 이상이 아시아에 있어요. 또한 국민의 90% 이상은 '아시아의 종교'라고 할 수 있는 이슬람교를 믿고 있지요. 그래서 대다수의 유럽인들은 터키를 '유럽에 가장 가까운 아시아'라고 여긴답니다.

하지만 터키인들의 생각은 좀 달라요. 그들은 터키를 '중동에 가장 가까운 유럽'이라고 생각하거든요. 중동은 서아시아 일대를 가리켜요. 실제로 터키는 서유럽 국가들의 안보 동맹인 북대서양조약기구(NATO)의 회원국이에요. 프로 축구 팀들은 아시아축구연맹(AFC)이 아닌 유럽축구연맹(UEFA) 소속이고요.

그런데 터키는 아직 유럽연합(EU)에 가입하지 못했답니다. 다른 유럽 국가들이 반대하기 때문이지요. 그들은 지리적·종교적 이유를 내세워 터키의 EU 가입에 냉담한 반응을 보이고 있어요. 하지만 가장 큰 이유는 경제 문제 때문입니다. 다른 EU 가입국들에 비해 터키의 경제 사정이 훨씬 뒤떨어지거든요. 게다가 EU 가입국 중 2번째로 많은 인구(7975만 명)도 걸림돌입니다. EU는 인구에 따라 중요한 정책을 결정할 수 있는 의결권을 주지요. 인구가 많은 터키가 EU에 가입하면 그만큼 발언권도 세질 거예요.

터키는 오랫동안 EU 회원국 기준에 맞추기 위해 많은 노력을 기울여 왔습니다. EU에 가입하면 경제적으로 많은 도움을 받을 수 있을 테니까요. 터키는 지금 '몸은 아시아에 있지만, 마음은 유럽'에 가 있습니다.

오세아니아? 그게 어디지?

우리가 살고 있는 아시아와 유럽은 한 덩어리로 연결돼 있지만 나머지 대륙들은 다른 대륙과 뚝 떨어져 있습니다. 한눈에 봐도 각 대륙을 구분할 수 있을 정도지요.

각 대륙에 속하는 국가들은 서로 국경선을 마주하며 옹기종기 모여 있습니다. 그런데 한 대륙에 속하는 국가들은 유독 서로 뚝뚝 떨어져 있어요. 바로 오세아니아입니다.

오세아니아(Oceania)는 남태평양의 여러 섬을 두루 일컫는 말입니다. 대양(大洋·넓고 깊은 바다)이라는 뜻을 가지

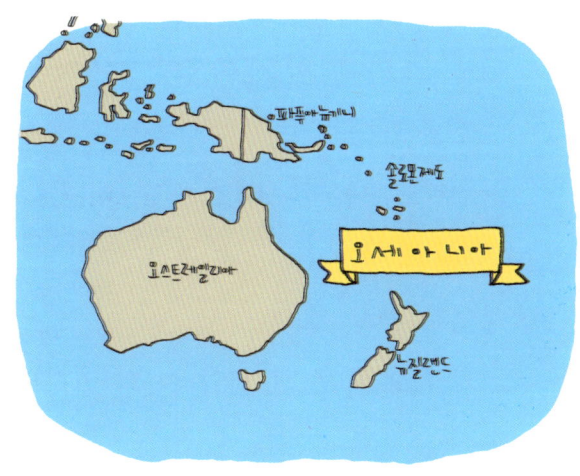

고 있어 '대양주(大洋洲)'라고도 부르지요.

이곳의 수역(水域·수면의 일정한 구역) 면적은 약 7000만 ㎢에 이르고, 그 안에 1만 개 이상의 크고 작은 섬들이 있습니다.

오세아니아에 속하는 나라는 모두 14개입니다. 오스트레일리아, 뉴질랜드, 나우루, 마셜 제도, 미크로네시아, 바누아투, 서사모아, 솔로몬 제도, 키리바시, 통가, 투발루, 파푸아뉴기니, 팔라우, 피지 등입니다.

가장 넓은 오스트레일리아의 면적은 768만 6850㎢로 남북한을 모두 합친 면적보다 무려 34배 이상 넓습니다. 그래서 일부에서는 오스트레일리아만 따로 떼어내어 하나의 독립된 대륙으로 분류하기도 합니다.

오스트레일리아 남동쪽으로 2000km 떨어져 있는 뉴질랜드 역시 바다 한가운데 떠 있지만, 한반도보다 넓은 땅 덩어리(26만 8680㎢)를 갖고 있습니다.

오스트레일리아와 뉴질랜드, 파푸아뉴기니(46만 2840㎢)를 제외한 나머지 국가들은 모두 아주 작습니다. 인구도 대부분 20만 명 이하고요. 또 하나의 공통점은 매년 조금씩 바다 밑으로 가라앉고 있다는 것입니다. 지구 온난화의 영향으로 빙하가 녹으면서 바닷물이 늘어나 해마다 해수면이 높아지고 있기 때문입니다.

오세아니아의 여러 섬들은 모두 17~18세기 이후 유럽인들의 지배를 받았습니다. 스페인, 네덜란드, 영국, 프랑스, 독일 등의 식민지였다가 대부분 1960년대 들어서 비로소 독립했습니다. 아직도 다른 나라에 딸린 영토(속령) 신세인 곳도 많습니다. 괌, 쿡 제도, 크리스마스 섬, 누벨칼레도니 등은 독립국이 아니라 미국, 프랑스 등의 속령입니다.

지도 속 세계 지리 08

아프리카 지도는 그리기 쉬워

'검은 대륙' 아프리카는 전체 면적 약 3036㎢로, 아시아에 이어 세계에서 두 번째로 큰 대륙입니다. 인류의 역사가 처음 시작된 곳이기도 하지요. 그런데 아프리카 지도를 보면 고개가 갸우뚱해집니다. 다른 대륙들과는 눈에 띄게 다른 특징을 갖고 있으니까요.

모두 54개 국가로 이뤄진 아프리카의 국경선들은 대부분 반듯반듯합니다. 들쭉날쭉, 삐뚤빼뚤한 유럽이나 아시아의 국경선과는 달라도 너무 다르지요. 마치 자를 대고 그은 듯한 모습입니다.

나라와 나라 사이의 경계를 나타내는 국경선은 지형이나 역사·정치·문화 등 여러 가지 사정에 의해 정해집니다. 그래서 대부분의 국경선이 복잡할 수밖에 없습니다. 그런데 아프리카만은 예외랍니다.

아프리카 사람들은 오랫동안 유목이나 사냥으로 살아왔기 때문에 국가 또는 영토를 그리 중요하게 생각하지 않았습니다. 그들에게 중요한 것은 오로지 같은 혈통을 지닌 종족뿐입니다. 당연히 국경선 따위는 필요 없었지요.

그러나 16세기 포르투갈, 영국, 프랑스 등 유럽 국가들의 배가 아프리카 서해안에 닿으면서 사정은 달라집니다. 이들은 차차 아프리카 땅에 관심을 갖기 시작합니다. 이곳에 다이아몬드, 금, 구리 등 다양한 광물 자원이 묻혀 있다는 것을 알게 되었으니까요. 그들은 엄연히 임자가 있는 땅을 놓고 자기들끼리 다투더니 마침내 서로 나눠 갖자는 협정을 맺습니다. '멋대로' 국경선은 그렇게 그어진 것입니다.

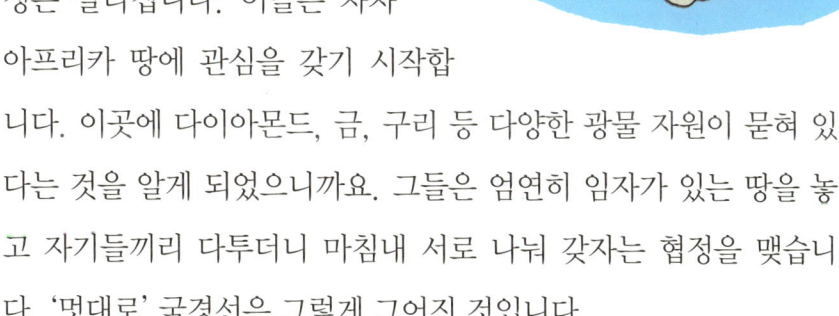

20세기 들어서 아프리카 국가들은 지긋지긋한 식민지 생활을 모두 끝냈습니다. 그러나 그들에게 찾아온 것은 평화가 아니라 전쟁이었습니다. 그것도 국가와 국가 간의 다툼이 아니라 같은 나라 안에서 벌어지는 내전을 겪어야 했지요. 이유는 바로 자신들도 모르게 그어진 국경선 때문입니다. 같은 부족이 두 나라로 나뉘고 사이

가 안 좋은 부족끼리 한 나라가 된 경우도 있으니, 싸움이 일어날 법도 하지요.

수백만 명이 목숨을 잃은 소말리아 내전은 6개 씨족 간의 갈등이 원인이었습니다. 40년 넘게 계속되고 있는 르완다의 비극은 투치족과 후투족 간의 분쟁 때문이지요. 252개 종족들이 모여 사는 나이지리아 역시 최근까지 내전에 시달려야 했습니다.

어떤 조사에 따르면, 국경선이 똑바른 나라들은 정치 불안과 가난에 시달리고, 국경선이 구불구불한 나라들은 그 반대라고 합니다. 여기서 '국경선이 똑바른 나라'란 바로 세계에서 가장 빈곤하며 곳곳에서 전쟁이 벌어지고 있는 아프리카의 국가들을 일컫는 것이지요. 만약 아프리카의 국경선이 다른 대륙들처럼 구불구불했다면 결과는 어땠을까요? 유럽 열강의 욕심 때문에 아직도 많은 아프리카인이 고통받고 있는 현실이 정말 안타깝습니다.

세계 지도를 읽는 법

지도에서 세계 각 나라들의 위치를 찾으려면 어떻게 해야 할까요? 지도를 제대로 보려면 위도와 경도, 적도, 남반구, 북반구 등의 용어들을 알고 있어야 합니다.

지구의 남쪽 끝은 남극, 북쪽 끝은 북극이에요. 그리고 두 지점의 딱 중간을 적도라고 해요. 이 적도를 0°으로 해서 남북을 90°로 나눈 가로선을 위선이라고 해요. 위선에 의해 남쪽과 북쪽의 위치를 재는 기준이 되는 것이 바로 위도입니다. 북쪽은 북위, 남쪽은 남위라고 하며 북극과 남극은 위도 90°가 됩니다.

위도

경도

동쪽과 서쪽의 위치를 정하려면 경도가 필요하지요. 기준점은 영국의 그리니치 천문대입니다. 이곳을 지나는 기준선을 중심으로 동쪽은 동경, 서쪽은 서경인데, 이를 각각 180°로 나눴어요.

적도를 기준으로 위쪽은 북반구, 아래쪽은 남반구가 됩니다. 북반구는 지구 전체 육지 면적의 67.4%를 차지하며, 세계 인구의 90%가 살고 있어요. 우리나라도 북반구에 속해 있습니다. 북반구의 반대쪽인 남반구는 북반구와는 계절이 정반대랍니다.

우리나라는 북위 37° 동경 126°에 위치하고 있습니다. 세계 지도에서 우리나라를 찾아볼까요?

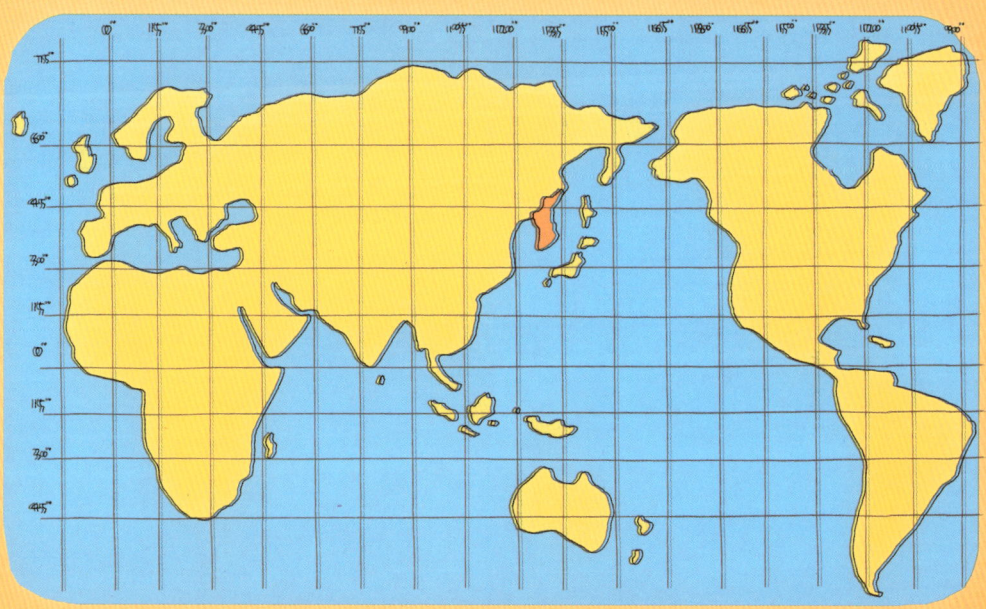

세계 최고는 무엇?

'기네스북'이 뭔지 아나요?
영국의 맥주회사 기네스가 세계 최고 기록만을 모아
해마다 발행하는 '세계 기록집'이에요.
지리에도 기네스북에 오를 만한 진기록이 무척 많답니다.
세계 지리의 최고 기록들을 만나 봅시다.

세계 최고는 무엇? 01

세계 최고로 긴 나라,
북쪽엔 사막, 남쪽엔 빙하

사막과 빙하. 두 곳 모두 사람이 살기에 적당하지 않습니다. 한 곳은 너무 뜨거워 풀 한 포기 살 수 없고, 또 한 곳은 너무 추워서 사람이 살기 어렵지요. 선택을 할 수만 있다면 그 어떤 나라도 사막이나 빙하 모두 원하지 않을 거예요. 그런데 '불행히도' 사막과 빙하 지역을 모두 품고 있는 나라가 있습니다. 세계에서 남북으로 가장 긴 나라인 칠레입니다.

남아메리카 대륙에 자리잡은 칠레는 서쪽으로는 태평양, 동쪽으로는 안데스 산맥과 맞닿아 있어요. 동서 길이는 평균 177km에 불과하지만, 남북 길이는 4350km입니다. 서울에서 부산까지 거리가 456km이니까 칠레는 남한보다 무려 남북으로 10배 가까이 깁니다. 우리가 살고 있는 남한은 북위(적도로부터 북극에 이르기까지의 위도) 33~43°에 불과하지만, 서울과 제주도의 기후는 많은 차이를 보입니

칠레

다. 칠레는 남위(적도로부터 남극에 이르기까지의 위도) 18~56°에 해당하니 얼마나 다양한 기후를 갖고 있을지 쉽게 상상할 수 있겠죠?

우선 칠레 북부는 사막지대입니다. 세계에서 가장 건조한 아타카마 사막이 있지요. 이곳에 내리는 비는 1년에 고작 10㎖ 안팎이랍니다. 학교에서 간식으로 마시는 우유의 용량은 200㎖입니다. 만약 이 우유를 다 마신 다음에 빈 팩을 아타카마에 갖다 놓는다면, 무려 20년이 지나야 팩에 빗물이 가득 찬다는 뜻이에요. 그것도 물이 한 방울도 증발하지 않는다는 조건에서요! 그나마 1930년대에는 3년 동안 비가 단 한 방울도 내리지 않았다고 하네요.

그러나 중앙으로 내려오면 기후가 온난하고 강수량이 적당해집니다. 여름에는 건조하고 겨울에는 비가 내리는 지중해성 기후를 보이기도 하지요. 사람이 살기에 좋은 기후예요. 그래서 칠레 인구의 75%가 이 지역에 모여 살고 있답니다.

남쪽으로 내려갈수록 강수량은 많아집니다. 울창한 삼림지대를 형성하지요.

더 아래로 내려가 티에라델푸에고 섬에 이르면 빙하와 피오르드(빙하의 침식 작용으로 생긴, 내륙으로 깊이 쑥 들어간 깊고 긴 만)가 펼쳐집니다.

북쪽의 사막에서 남쪽의 빙하까지, 칠레는 다양한 기후와 지형을 경험해 보고 싶은 사람들에게는 꼭 가 보고 싶은 나라입니다.

세계 최고는 무엇? 02

세계 최고로 작은 나라, 인구가 1000명도 채 안 돼

바티칸 시국, 모나코, 나우루, 투발루, 산마리노 공화국.

낯익은 이름이 몇 개나 되나요? 분명 한두 개는 들어 본 적이 있을 거예요. 우리와 함께 지구촌을 이루고 있는 이웃들이니까요.

그런데 이 나라들은 한 가지 공통점으로 묶여 있답니다. 국토의 면적으로 치자면 전 세계에서 다섯 손가락 안에 꼽히는 나라들이거든요. 부럽다고요? 그런데 어쩌죠? 면적이 넓은 순서로 1~5등이 아니고, 면적이 좁기로 1~5등인걸요. 도대체 얼마나 좁은 건지 슬슬 궁금해지지 않나요?

바티칸 시국은 전 세계에서 가장 작은 나라예요. 면적이 불과 0.44㎢밖에 안 된답니다. 서울에서 가장 좁은 자치구인 중구의 면적이 9.96㎢이니 얼마나 작은 나라인지 대충 짐작이 갈 거예요. 게다가 바티칸 시국은 이탈리아의 수도인 로마 시내에 자리잡고 있답

45

니다. 한번에 30만 명이 들어설 수 있는 성 베드로 광장 앞 도로에는 흰색 선이 그어져 있어요. 이게 바로 이탈리아와 바티칸을 나누는 국경선입니다. 인구도 아주 아주 적어서 1000명이 채 안 된다고 해요.

하지만 바티칸 시국은 전 세계 10억 명이 넘는 사람들의 '종교적 고향'입니다. 세계 카톨릭의 중심지이니까요. 전 세계 가톨릭 교회를 다스리는 교황청이 이곳에 있고, 신자들의 최고 어른인 교황은 이 나라를 대표합니다. 그래서일까요? 바티칸 시국은 가장 안전한 나라로도 꼽힙니다.

프랑스와 이탈리아 접경지대에 위치한 모나코는 바티칸 시국의 뒤를 이어 두 번째로 작은 나라입니다. 모나코의 면적(2㎢)은 바티칸 시국의 약 4.5배이지만 인구는 무려 30배나 많은 3만여 명이에요. 모나코의 1인당 국내총생산(GDP)은 3만 달러(2007년 기준)나 됩니다.

지중해의 아름다운 경치와 온화한 기후가 1년 내내 관광객들을 불러 모으거든요. 게다가 관광 시설이 매우

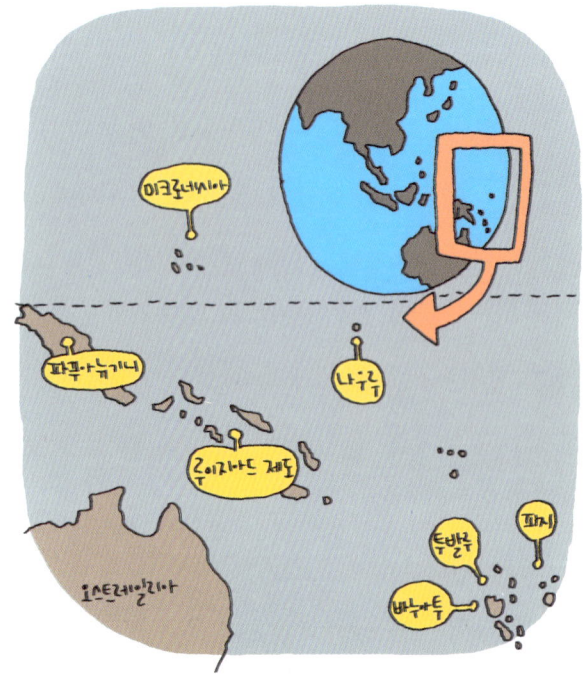

잘 갖춰져 있어서 유럽에서도 가장 호화로운 휴양지로 손꼽힙니다. 국왕이 다스리는 이 나라 국민들은 군대에 갈 의무도, 세금을 낼 의무도 없어요. 경찰 100여 명이 국민들의 안전을 돌볼 뿐입니다.

작은 나라 3, 4위인 나우루(21.2㎢)와 투발루(26㎢)는 모두 잘 알려지지 않은 남태평양의 섬나라들입니다. 다섯 번째로 작은 나라인 산마리노 공화국(61.2㎢)은 바티칸 시국처럼 이탈리아 안에 자리잡고 있어요. 인구는 2만 9000여 명이고, 서기 301년에 세워진 아주 오래된 나라입니다. 면적은 좁지만 한 해 평균 330만~350만 명의 관광객이 몰리는 관광대국입니다. 1인당 GDP는 무려 3만 4100달러(2007년 기준)나 된다고 합니다.

세계 최고는 무엇? 03

세계 최고로 깊은 바다, 에베레스트 산도 푹 담글 수 있어

흔히 바다를 '인류의 희망'이라고들 합니다. 육지보다 훨씬 넓은 면적(지구의 71%)도 면적이지만, 무엇보다 바다는 광물과 생물자원이 가득한 미래의 보물 창고이기 때문이지요. 육지의 지하자원이 갈수록 고갈되어 가는 상황에서 이제 인류가 기댈 곳이라고는 바다뿐인지도 모르겠습니다.

지난 2007년 우리나라 동해에서는 차세대 에너지로 손꼽히는 '가스 하이드레이트'가 발견되기도 했답니다. 가스 하이드레이트는 석유를 대체하는 성능에 이산화탄소 배출량은 석유의 24%에 불과한 깨끗한 에너지이지요. 동해에 매장된 양은 6억 톤이 넘을 것으로 보이는데, 이는 우리나라가 무려 30년 넘게 사용할 수 있는 양이라고 하네요! 정말 어마어마하지요?

그런데 이 가스 하이드레이트는 수심이 2000여 m나 되는 아주

49

깊은 곳에서 발견됐다고 해요. 남한에서 가장 높다는 한라산 (1950m)도 푹 잠기는 깊이입니다. 도대체 바닷속은 얼마나 깊은 걸까요?

전 세계 바다의 평균 깊이는 3730m입니다. 웬만한 산보다도 훨씬 깊지요. 세계에서 가장 깊은 바다는 마리아나 해구에 있는 비티아스 해연이에요. 수심이 무려 1만 1034m에 이릅니다. 전 세계에서 가장 높은 봉우리인 에베레스트의 높이는 8848m입니다. 비티아스 해연에 에베레스트를 옮겨 놓아도 수면 위로 산 꼭대기가 나오지 않아요. 에베레스트 위에 한라산을 더해 보아도 결과는 마찬가지입니다.

마리아나 해구는 휴양지로 널리 알려진 태평양의 괌 섬 부근에 있어요. 해구(海口)란 깊은 바다에서 움푹 들어간 좁고 긴 곳을 뜻하는데, 지구에는 25~27개의 해구가 있는 것으로 알려져 있어요. 이 중 1개는 인도양에, 4개는 대서

양에, 그리고 나머지는 모두 태평양에 있습니다.

해연(海淵)은 해구 가운데 특히 깊이 들어간 부분을 일컫는 말이에요. 마리아나 해구에는 비티아스 해연 이외에도 깊이가 1만 893m에 달하는 챌린저 해연도 있습니다.

우리나라를 둘러싸고 있는 3개의 바다(동해, 서해, 남해) 중 가장 깊은 곳은 어디일까요? 평균 수심이 1530m인 동해입니다. 가장 깊은 곳은 3762m나 되고, 3000m 이상 되는 곳의 면적도 약 30만 ㎢나 됩니다. 그 다음은 남해입니다. 평균 수심은 100m, 가장 깊은 곳은 210m에 달하지요. 가장 얕은 서해는 평균 수심 44m, 가장 깊은 곳도 103m에 불과하답니다.

세계 최고는 무엇? 04

세계 최고로 깊은 호수,
맑고 깨끗한 '시베리아의 진주'

　세계에서 가장 깊은 바다를 찾아봤으니, 이제 세계에서 가장 깊은 호수를 알아볼 차례입니다.

　세계에서 가장 깊은 호수는 러시아의 동시베리아 남부에 있는 바이칼 호로, 가장 깊은 곳이 1742m나 됩니다. 1만 1304m나 되는 마리아나 해구의 비티아스 해연에 비교하면 턱없이 얕아 보인다고요? 하지만 바이칼 호에 설악산(1708m)을 담그면 산꼭대기가 보이지 않는답니다!

　바이칼 호는 수심 외에도 여러 가지 면에서 '세계 최고'란 기록을 갖고 있어요. 우선 이 호수의 나이는 2500만 살이나 됩니다. 세계에서 가장 오래된 역사를 자랑하는 호수지요. 물의 양은 또 어떻고요? 2만 2000㎢로, 전 세계 담수의 약 20%를 담고 있어요. 담수호 가운데 세계 최대 규모지요. 전 세계인들이 매일 500㎖씩 퍼 마셔도 30

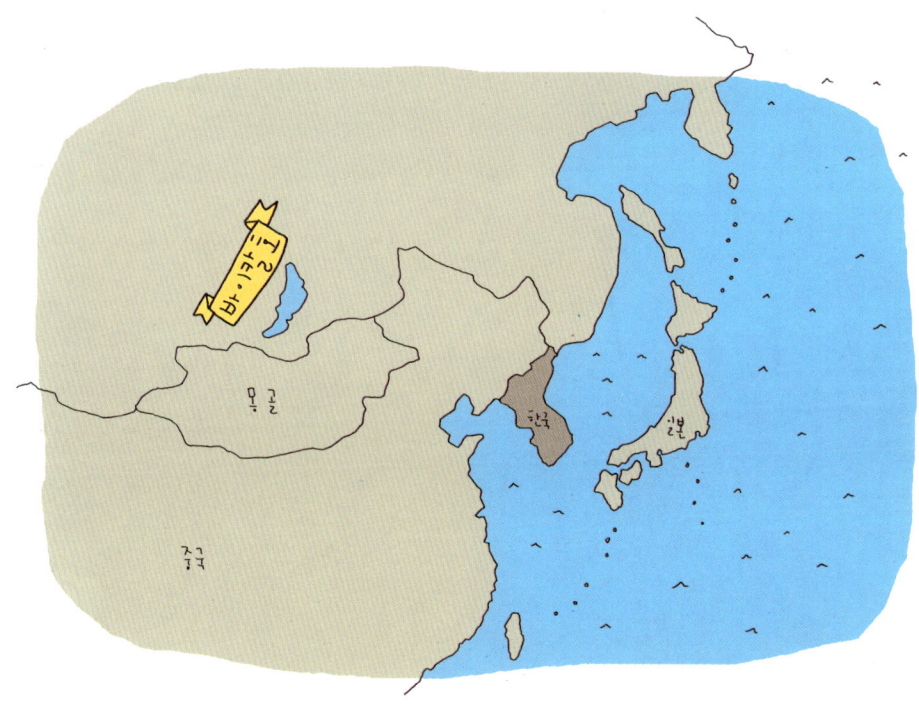

년은 너끈히 마실 수 있는 어마어마한 양입니다.

　세계 최고는 아니지만 규모도 굉장해서 면적이 3만 1500㎢나 됩니다. 우리가 살고 있는 남한의 3분의 1이나 되는 크기지요. 남북 길이는 636㎞, 최대 너비 79㎞에 둘레는 2200㎞입니다. 게다가 모양도 예쁩니다. 북동쪽에서 남서쪽으로 길쭉한 초승달 같아요.

　하지만 바이칼 호가 유명한 데에는 다른 이유들이 더 있습니다.

　이 호수는 맑고 깨끗한 것으로 이름이 높아요. 수심 40m 안까지 들여다보일 정도로 물이 맑지요. 주변에 공해를 일으킬 만한 시설이 전혀 없어서 호수의 물을 그냥 떠먹어도 괜찮을 정도입니다. 바다처럼 넓은 면적에 맑은 물까지 더해져 바이칼 호는 '시베리아의 진주'

53

　라고 불립니다. 약 330여 개의 강이 흘러들어 만들어진 호수지만, 물이 밖으로 나가는 길은 단 하나밖에 없다는 점도 인상적입니다.
　오랜 역사와 외떨어진 위치 덕분일까요? 바이칼 호에는 다양한 종류의 생물들이 살고 있는 것으로도 유명합니다. 이곳에 사는 2600여 종의 동식물 중 80%는 세계 어느 곳에서도 볼 수 없는 독특한 종류라고 합니다. 바이칼바다표범이 대표적이지요. 그래서 유네스코는 1996년 이곳을 세계자연유산으로 지정해 보호에 앞장서고 있습니다.

슬픈 전설도 전해집니다. 늙은 영웅 바이칼에게는 너무나 아름다운 딸 앙가라가 있었어요. 아버지는 누군가가 딸에게 해코지를 하지나 않을까 늘 염려스러웠고, 결국 앙가라를 호수 깊이 숨겨 놓지요. 호수에 갇힌 앙가라는 눈물로 세월을 보냅니다. 그러던 어느 날 갈매기 한 마리가 날아와 강가 마을에 살고 있는 멋진 용사 예니세이의 이야기를 앙가라에게 전해 줍니다. 앙가라는 예니세이를 그리워 하다가 마침내 아버지 몰래 호수를 빠져나가요. 하지만 곧 바이칼에게 들켰고, 화가 난 아버지는 커다란 바위를 번쩍 들어 앙가라에게 집어 던지고 맙니다.

바이칼은 '풍요로운 호수'라는 뜻이에요. 많은 물과 다양한 동식물, 게다가 흥미진진한 이야기까지 품고 있으니, 이름값을 톡톡히 하고 있는 셈이지요?

세계 최고는 무엇? 05

세계 최고로 긴 강,
기네스북도 잘 모른대

'세계에서 가장 긴 강'을 묻는다면, 대부분의 어른들은 아마 망설임 없이 나일 강이라고 대답할 거예요. 그도 그럴 것이 학창 시절 교과서에서 그렇게 배웠거든요. 백과사전에서 나일 강을 찾아봐도 결과는 똑같아요. 나일 강에 '세계에서 가장 긴 강'이라는 설명이 붙어 있답니다.

그런데 세계에서 가장 긴 강은 나일 강이 아니라 아마존 강이라는 주장이 잇따라 나오고 있습니다. 브라질과 페루의 과학자들은 아마존 강의 발원지(물줄기가 처음 시작하는 곳)가 페루 남동부 안데스 산맥의 해발 5000m에 자리잡고 있으며, 강 전체 길이는 6762㎞로 측정됐다고 밝혔습니다. 나일 강의 길이는 6690㎞로 알려져 있지요.

페루의 리마지리학회도 아마존 강의 전체 길이가 7062㎞라고 주장하고 나섰습니다.

　이들의 측정이 정확하다면 아마존 강은 나일 강보다 최소 72㎞에서 최대 372㎞나 긴 셈입니다. 세계에서 가장 긴 강은 도대체 어디일까요?

　강의 길이를 재는 데에는 여러 가지 어려움이 따릅니다. 우선 강이 시작되는 곳을 어디로 볼 것인지가 문제이지요. 굴곡이 심할 경우 정확한 길이를 알아내는 것도 힘들어요. 무엇보다도 하천은 살아서 움직이는 생물과 같습니다. 비의 양에 따라 모양이 시시때때로 달라지기 때문에 언제 측정하느냐에 따라서도 길이가 달라집니다. 그래서 세계 최고라면 무엇이든 기록하는 기네스북도 세계에서 가장 긴 강이 어디인지는 기록하지 못하고 있습니다.

　남아메리카의 과학자들에 의해 세계에서 가장 긴 강이 된 아마존 강은 페루의 안데스 산맥에서 시작돼 콜롬비아, 브라질을 거쳐 대서양까지 이어집니다. 남아메리카 북부 지역 전체를 다 지나가는 셈이지요. 유역 면적이 남

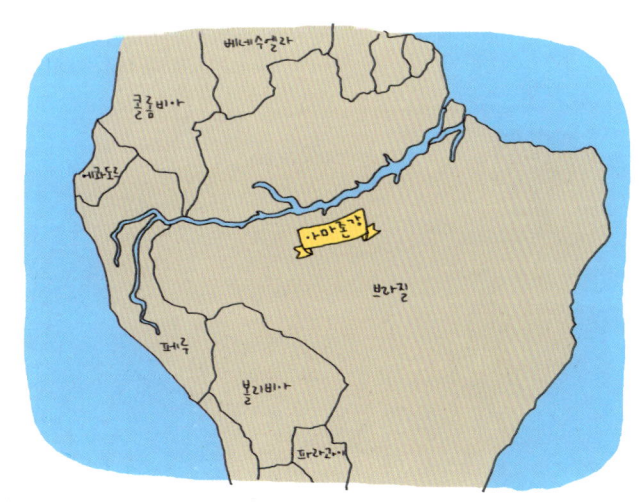

한의 71배(705만 km²)나 되어 세계 1위이며, 물의 양도 세계 1위입니다.

2위로 밀려난 나일 강은 적도 부근에서 시작해 지중해로 흘러들어 갑니다. 유역 면적은 300만 7000km²로, 아프리카 대륙의 10분의 1을 차지해요. 3위는 중국 대륙을 흐르는 양쯔 강입니다. 길이 6300km이지요. 4위는 미국 중부의 북에서 남으로 흐르는 미시시피 강(길이 6210km)입니다. 유역 면적(324만 km²)은 세계 3위이고 미국의 50개 주 가운데 31개 주에 걸쳐 흐릅니다.

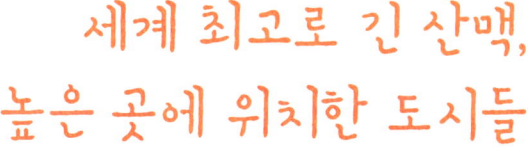

세계 최고로 긴 산맥,
높은 곳에 위치한 도시들

높은 산에 올라가면 숨이 차고 쉬이 피로해집니다. 기압이 내려가는 동시에 산소가 부족해지기 때문이지요. 그래서 사람들은 대부분 높은 산악지대를 피해 낮은 평지에 모여 삽니다.

2007년 말 국제축구연맹(FIFA)은 해발 2750m가 넘는 곳에서는 축구 경기를 치르지 못하도록 하는 '고도 제한' 규정을 통과시켰습니다. 선수를 보호하기 위해서지요. 그러나 볼리비아와 페루 등 몇몇 남아메리카 국가들의 반대에 밀려 결국 이 규정은 없던 일이 돼 버렸습니다. 높은 곳에서 치르는 축구 경기가 이들 국가에게는 유리하답니다. 하지만 언뜻 이해가 되지 않습니다. 2750m 이상의 고지대에 과연 도시며 축구장이 있을까 싶거든요. 우리가 살고 있는 한반도에서 가장 높은 백두산(높이 2744m)도 2750m에는 못 미치니까요.

남아메리카 서쪽 태평양 연안에는 안데스 산맥이 자리잡고 있어요. 길이 7000km로, 세계에서 가장 긴 산맥이지요. 게다가 높이도 높습니다. 해발 고도가 6100m 이상인 봉우리가 50여 개나 됩니다. 히말라야 다음으로 높은 산맥이지요. 안데스는 베네수엘라, 콜롬비아, 에콰도르, 페루, 볼리비아, 칠레, 아르헨티나 등 7개국에 걸쳐 있어요. 사정이 이렇다 보니 이 나라 사람들은 높은 산에 도시를 짓고 모여 살 수밖에 없습니다.

에콰도르의 수도 키토는 2850m에 있습니다. 잉카 제국의 수도였던 페루의 쿠스코의 고도는 해발 3399m예요. 너무 높다고요? 이 정도는 약과입니다. 남쪽으로 내려오면 더 높아지거든요. 볼리비아의 수도 라파스의 고도는 3600m입니다. 그 아래 포토시는 무려 4000m 고지대에 있습니다! 이쯤 되면 볼리비아가 FIFA의 고도 제한 조치에 가장 강력하게 반발하고 나선 것도 이해가 됩니다.

이밖에 콜롬비아의 수도 보고타는 2640m에, 멕시코의 수도 멕시

코시티는 2300m 높이에 자리잡고 있지요.

아주 높은 곳에 올라가면 호흡 곤란과 두통, 구토 등 이른바 고산병 증세가 나타납니다. 그러나 태어날 때부터 고산 지대에 살았던 사람에게는 아무런 문제가 되질 않습니다.

16세기에 페루를 지배하기 시작한 스페인은 해발 3410m에 있는 하우하를 수도로 정했습니다. 그러나 얼마 후 스페인에서 이민 온 사람들의 건강에 많은 문제가 생겼다고 해요. 고산병 때문이었지요. 물론 현지인들의 건강엔 아무 변화가 없었고요. 결국 스페인은 태평양 연안에 가까운 현재의 리마로 수도를 옮겨야 했습니다.

세계 최고는 무엇? 07

세계 최고로 긴 철도, 지구 둘레의 4분의 1을 달리는 기차

기차는 여러 가지로 편리합니다. 긴 거리를 막힘없이 시원하게 달리고, 많은 사람 또는 화물을 한꺼번에 실어 나르죠. 철길 옆에 펼쳐지는 경치를 구경하는 재미도 쏠쏠합니다.

세계에서 가장 긴 철도는 러시아에 있습니다. 세계 최대 영토를 자랑하는 나라니, 세계 최장 철도는 어쩌면 당연한 일이기도 합니다.

시베리아 횡단철도는 러시아 서쪽의 모스크바와 동쪽의 블라디보스토크를 잇습니다. 길이는 무려 9334㎞나 됩니다. 지구 둘레(4만 ㎞)의 4분의 1에 해당하지요. 모스크바를 출발해 블라디보스토크에 도착하기까지 걸리는 시간은 156시간입니다. 쉬지 않고 달려도 꼬박 6박 7일이나 걸려요. 노선 끝에서 끝까지 표준 시각이 7번이나 바뀝니다. 90여 개의 크고 작은 도시와 16개의 강을 지나지요.

횡단철도는 1850년대에 처음 계획되어 1891년에 비로소 공사가

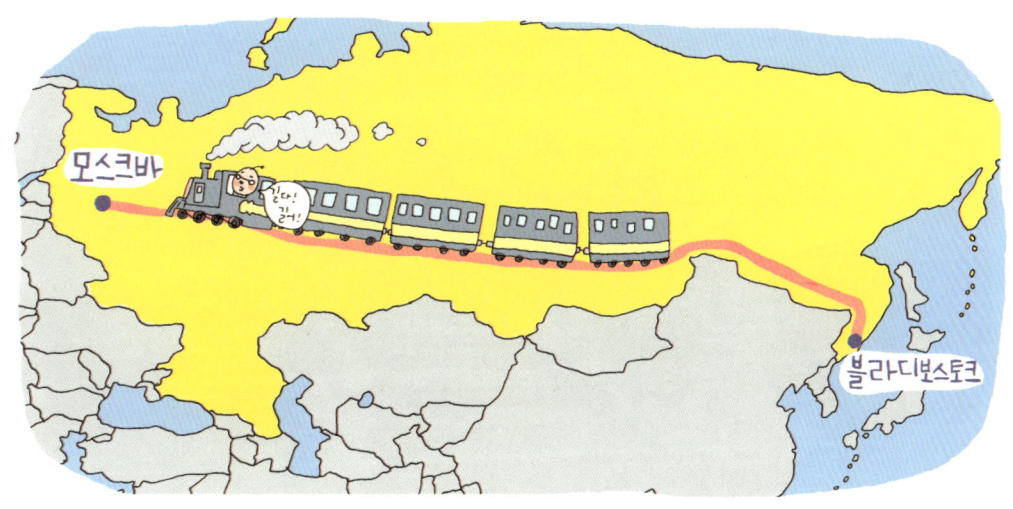

시작되었습니다.

 험난한 지형과 추운 날씨, 그리고 노동자의 폭동까지 겹쳐서 공사는 쉽지 않았다고 합니다. 무엇보다 공사 구간 한가운데를 가로막고 있는 바이칼 호가 가장 큰 고비였습니다. 이 지역을 지나는 철로를 놓기 위해 수천 명의 인부들이 귀한 목숨을 잃었어요. 공사 중 러일전쟁(1904~1905년)이 일어나 일정이 늦춰지기도 했습니다.

 온갖 어려움 끝에 시베리아 횡단열차는 1916년에 전 구간 개통을 하게 됩니다. 공사 시작 25년 만이었죠.

 그리고 열차가 가져다 준 열매는 달콤했습니다. 시베리아 모피 생산이 크게 늘었고, 금·은·철강·석탄 광산이 잇달아 개발됐습니다. 현재 철도 주변 도시에 살고 있는 인구는 러시아 전체 인구의 5

분의 1이나 차지합니다. 그리고 러시아 경제의 70% 이상이 이 철도를 중심으로 움직이고 있답니다.

관광 상품으로도 인기가 많아 2007년에는 호화 관광열차가 등장하기도 했습니다. 14박 15일 일정으로 운행되는 이 열차는 객실 등급에 따라 1인당 비용이 1만 달러(약 1300만 원)에서 1만 7000달러에 이릅니다. 영국의 열차여행 전문업체와 러시아 철도공사가 약 230억 원을 투자해 만든 이 호화열차의 이름은 '즐라토이 아룔(황금 독수리)'이라고 합니다.

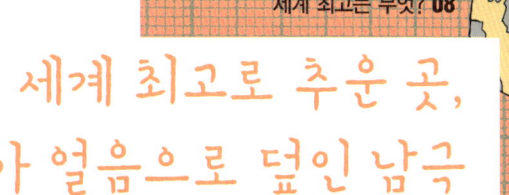

세계 최고는 무엇? 08

세계 최고로 추운 곳, 98%가 얼음으로 덮인 남극

'서울에서 1만 7200여 km 떨어진 곳', '보이는 것이라고는 온통 눈과 얼음밖에 없는 곳', '너무 추워서 생명체가 살기 힘든 곳'.

불과 20여 년 전만 해도 남극은 우리에게 이 이상의 의미는 없는 곳이었습니다.

그런데 지금은 어떤가요? 아무도 남극을 무시하지 못하죠. 오히려 남극에서 들려오는 소식에 귀를 쫑긋 세우고 있습니다. 우리뿐이 아닙니다. 전 세계 20개국이 막대한 비용을 들여 남극에 연구소를 세우고 과학자들을 보내고 있어요. 남극은 지금 전 세계의 과학 경연장입니다.

남극의 면적은 1400만 km²로 지구 전체 육지 면적의 약 10%를 차지합니다. 유럽 대륙(약 490만 km²)보다 3배는 넓지요. 그래서 '제7의 대륙'이라고 불리기도 합니다.

　이곳은 1820년 항해자들에 의해 발견됐어요. 그러나 본격적인 탐험은 20세기 들어서야 시작됐지요. 1911년 12월 14일 노르웨이의 탐험가 아문센은 인류 최초로 남극점에 도달했고, 그로부터 47년 뒤 영국연방의 남극횡단탐험대가 대륙 횡단에 성공합니다.

　이처럼 남극은 인류의 손길이 가장 늦게 닿은 곳이에요. 사람이 살기에는 너무나 가혹한 자연환경에 둘러싸여 있기 때문이죠. 남극은 지구에서 가장 추운 곳입니다. 겨울철 내륙의 기온은 섭씨 영하 40~70°까지 내려가요. 1983년 7월에는 수은주가 영하 89.2°까지 떨어져 세계 최저 기온을 기록하기도 했습니다. 게다가 전체 표면의 약 98%가 만년빙으로 덮여 있는데, 그 두께가 평균 2160m나 됩니다. 이 얼음이 모두 녹으면 지구 전체의 해수면이 약 60~80m 정도 오를 것이라고 전문가들은 내다보고 있답니다. 지구가 온통 물에 잠기게 되는 것이지요.

사람의 발길이 뜸하다 보니 남극은 세상에서 오염이 가장 적은 곳이기도 합니다. 그래서 기상학, 지질학, 생물학 등 모든 과학 분야

빙하를 탐사하는 세종기지 대원들

가 이곳에서 실험을 벌입니다. 한마디로 '자연 실험장'인 셈이지요. 남극 빙하에는 지구의 기온과 강수량, 대기의 성분 등 모든 정보가 기록돼 있어요. 이것을 잘 분석하면 지구의 과거뿐만 아니라 미래까지도 가늠해 볼 수 있답니다.

또 수산·광물자원이 발견될 가능성도 무척 커요. 남극을 가로지르는 남극횡단산맥 지역에만 1500억 톤에 이르는 석탄이 매장돼 있을 것으로 예상되고 있어요.

물론 남극은 누구의 땅도 아닙니다. 1959년 체결된 남극조약 때문이지요. 그리고 2048년까지는 자원 개발도 일체 금지돼 있어요. 하지만 최근 영국, 러시아, 브라질, 호주 등 8개 국가가 남극을 '자기네 땅'이라고 주장하고 나섰습니다. 그만큼 남극에 거는 기대가 크다는 뜻이겠지요.

세계 최고는 무엇? 09

세계 최고로 큰 바위, 한 바퀴 도는 데 2시간이 걸려

여러분이 이제껏 본 바위 중 가장 큰 것은 얼마나 컸나요? 마을 뒷산 계곡에서 본 큰 돌덩이가 전부라고요? 아니면 설악산에서 만난 울산바위와 흔들바위가 가장 컸다고요?

바위는 '부피가 매우 큰 돌'을 뜻해요. 세상에는 우리가 상상조차 하기 힘들 만큼 거대한 바위가 있답니다. 세상에서 가장 큰 바위는 어떤 모습일까요?

세상에서 가장 큰 바위의 이름은 '울루루'입니다. 울루루는 오스트레일리아의 중앙, 사막 한복판에 있어요. 높이 330m, 둘레 8.80km로 어디 한 곳 나뉜 데 없는 완벽한 한 덩어리죠. 하나의 거대한 산처럼 볼록 튀어나온 모습이 꼭 배꼽 같아서 '호주 대륙의 배꼽' 또는 '지구의 배꼽'으로 불리기도 해요. 어른 걸음으로 부지런히 걸어도 바위 둘레를 한 바퀴 도는 데만 2시간은 족히 걸려요.

울루루는 수억 년 전 지각 변동과 침식 작용으로 만들어졌어요. 울루루가 있는 곳은 원래 사막이 아니라 바다였대요. 거대한 지각 변동으로 퇴적물 층이 위로 솟구쳐 산맥이 됐고, 이후 많은 시간이 흐르면서 대부분이 깎여 나가 모래로 변했습니다. 사막이 만들어진 것이지요. 그러나 가장 단단한 부분은 바위 형태로 남았는데, 이것이 바로 오늘날의 울루루랍니다.

울루루의 영어식 이름은 에어즈 록(Ayers Rock)이에요. 1872년 이 바위산을 처음 발견한 탐험가 어니스트 길스가 당시 남호주 총리였던 헨리 에어즈 경의 이름을 따 붙인 것입니다.

울루루라는 이름은 호주 원주민인 애보리진의 말이에요. '그늘이 지난 장소'라는 뜻이지요. 그들에게 울루루는 세상의 중심이자 매

우 신성한 곳이었지요. 그래서 오직 부족의 주술사만이 바위에 올라갈 수 있었답니다.

　1958년 호주 정부는 울루루를 국립공원으로 지정해요. 그러자 이곳 땅을 소유한 원주민들이 크게 반발하고 나섰고, 곧 정부와 소송을 벌였어요. 수차례의 협상 끝에 2084년까지 정부가 원주민에게 이곳을 빌리는 것으로 합의했지요. 이후 이곳은 세계적인 관광지가 됐답니다.

　울루루는 시시각각 다른 색깔을 보이는 것으로도 유명해요. 하루 7차례나 색깔이 바뀐다고 해요. 해가 뜰 때와 질 때는 짙은 붉은 색이었다가 비가 오고 난 뒤에는 광택이 나는 검은색으로 변하죠.

　주술사만 오를 수 있었던 바위산 정상은 이제 세계 각국에서 온 관광객들로 붐빕니다. 대신 원주민들을 존중하는 의미로 사진 촬영 각도까지 통제되고 있대요. 정상까지 오르는 데에는 2시간 정도가 걸립니다. 풀 한 포기, 나무 한 그루 없는 바위산이라 되도록 한낮 등반은 피하는 게 좋아요. 바위가 열을 받아 무척 뜨거우니까요.

세계 지리 기네스

세계에서 가장 높은 산은?
→ 에베레스트(8848m)

세계에서 가장 면적이 좁은 나라는?
→ 바티칸(0.44㎢)

세계에서 가장 큰 나라는?
→ 러시아(1707만 5400㎢)

세계에서 가장 인구가 적은 나라는?
→ 바티칸(1000명 이하)

세계에서 가장 넓은 사막은?
→ 사하라 사막(약 860만 ㎢)

세계에서 가장 넓은 내해(內海·육지로 둘러싸인 바다)는?
→ 카스피 해(약 37만 1000㎢)

세계에서 가장 인구 밀도가 높은 도시는?
→ 인도의 뭄바이
 (1㎢당 2만 9650명)

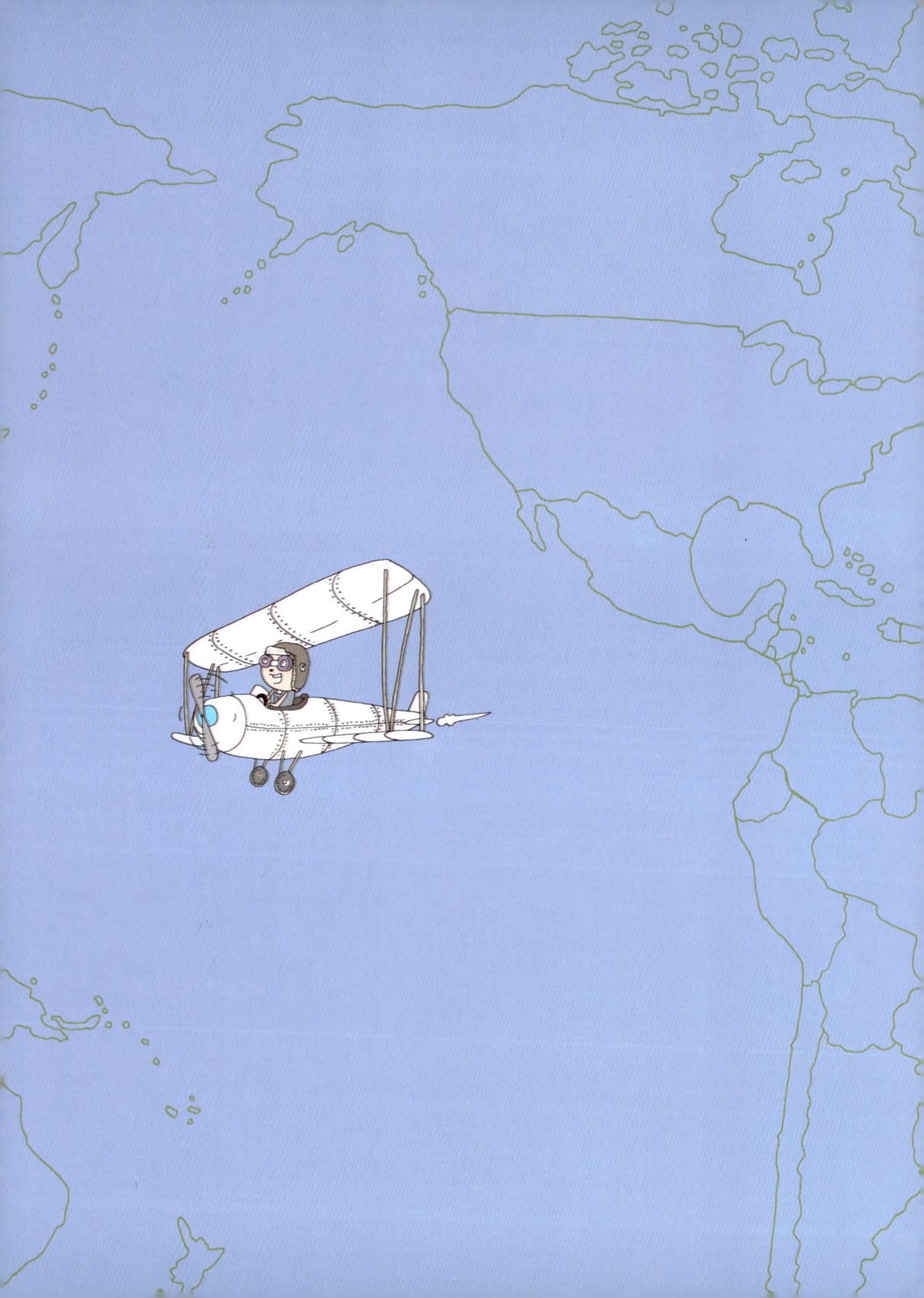

이름에 담긴 세계 지리

세계 지도를 보면 바다와 대륙, 강과 사막은 물론
수많은 나라의 이름이 복잡하게 얽혀 있습니다.
이러한 이름들은 저마다 나름의 사연을 간직하고 있지요.
이름 속에 숨어 있는 재미있는 지리 상식들을 들려줄게요.

이름에 담긴 세계 지리 01

바다 이름에 담긴 비밀

　놀라운 풍경이나 광경을 목격했을 때, 사람들은 흔히 '눈을 믿을 수 없다'고 합니다. 직접 눈으로 확인했지만, 상식적으로 도저히 이해가 되지 않는다는 뜻이지요. 지금까지 우리가 보아 온 바다는 파란색 또는 초록색입니다. 만약 우리 눈앞에 누렇거나 빨간, 심지어 까맣거나 흰 바다가 펼쳐진다면 어떨까요? 대부분 눈을 비비며 자신의 눈을 의심하지 않을까요?

　황해(黃海·Yellow Sea)부터 살펴볼까요? 중국 동부 해안과 한반도 사이에 있는 황해는 말 그대로 누런빛을 띤답니다. 원인은 황하 때문이에요. 황하는 중국 북부를 서에서 동으로 흐르는 길이 5464km의 거대한 강입니다. 이 강에는 항상 주변의 토사와 흙먼지 등 혼탁한 물질들이 흘러들어가곤 합니다. 강 색깔이 누럴 수밖에요. 이 강물이 다시 바다로 흘러들어가 바닷물도 누렇게 변하게 되고, 그 색

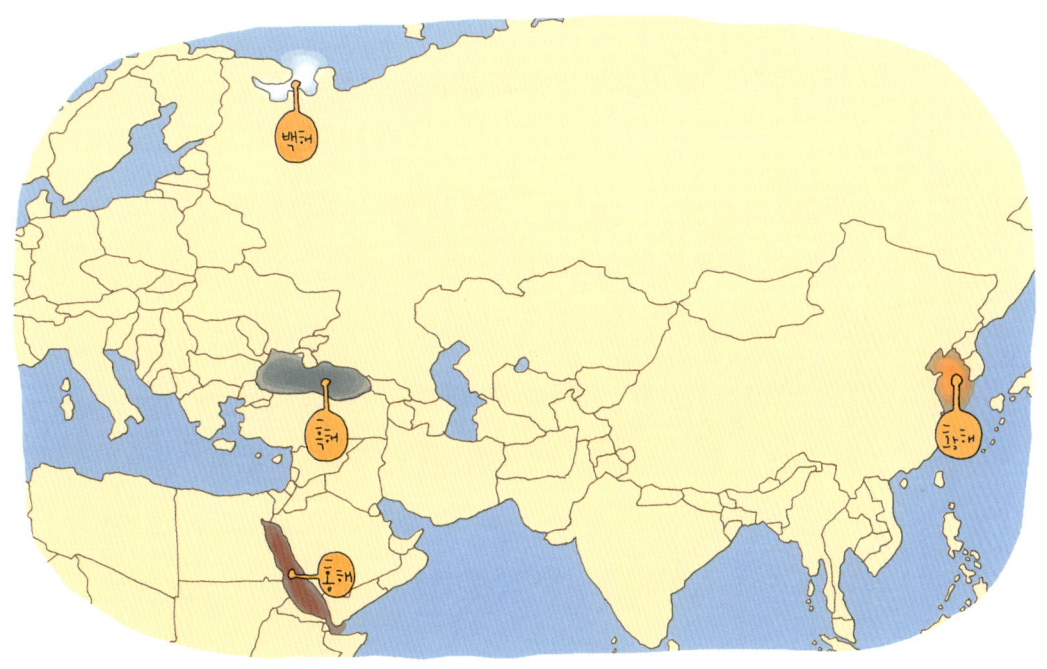

깔이 그대로 이름으로 굳어져 버린 것입니다.

 아프리카 대륙과 아라비아 반도 사이에 낀 좁고 긴 바다 홍해(紅海·Red Sea). 바닷속 플랑크톤의 번식으로 붉은 색을 띠는 때가 많아 이런 이름을 얻었습니다.

 흑해(黑海·Black Sea)는 유럽 남동부와 아시아 사이에 있어요. 육지에 둘러싸여 있어 늘 산소가 부족하고, 바다 밑에는 검은색을 띠는 유화수소가 가득하죠. 그래서 수면 깊은 곳이 까맣게 보인다고 합니다.

 백해(百海·White Sea)는 1년 중 200일 이상이 흰 얼음으로 덮여 있어요. 물 색깔이 아니라 하얀 얼음 때문에 이름에 백(白)자가 붙었답니다.

이스라엘과 요르단에 걸쳐 있는 사해(死海)는 평범한 색깔의 바다이지만, 여기서 벌어지는 일을 처음 보는 사람들 역시 눈을 믿지 못하긴 마찬가지입니다.

사해는 아주 유명한 휴양지랍니다. 세계 각국에서 몰려온 관광객들은 '물 위에 누워서' 신문이나 잡지를 읽곤 하지요. 마치 '사해에 가면 꼭 이걸 해 봐야지'하고 약속이나 한 것처럼요. 수영을 전혀 못하는 사람도 아무 준비물 없이 편하게 물놀이를 즐길 수 있는 곳입니다.

사해의 영어 표기는 'Dead Sea'예요. 한자와 마찬가지로 '죽은 바다'라는 뜻이지요. 그런데 사해는 바다가 아니라 호수랍니다.

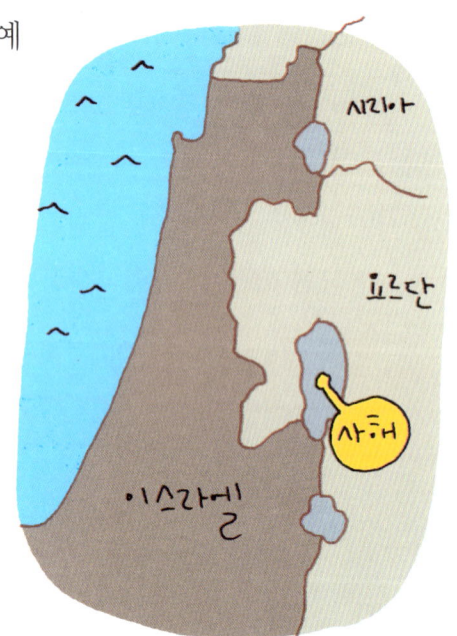

우리는 바다와 호수를 명확하게 구분하지요. 하지만 다른 나라 사람들은 그렇지 않은가 봅니다. 사해가 호수라고 하기에는 너무 넓고 물맛도 짜기 때문에 그런 이름을 얻은 것 같아요.

　사해는 말 그대로 죽어 있습니다. 생물은 살지 못하지요. 원인은 너무나 건조한 기후 때문입니다. 이 지역엔 1년 365일 중 330일쯤 강한 햇볕이 내리쬐서 물이 아주 빠른 속도로 증발해 버려요. 여기에 호수 주변 광물에서 나오는 염분이 더해지고, 북으로부터 흘러드는 요르단 강물에 섞인 염분이 또 더해집니다. 흘러 나가는 물 없이 증발만 해 버리니 염분 농도가 무려 30%를 넘어섭니다. 보통 바다보다 7~8배나 짠 덕분에 사해에서는 몸이 물 위에 둥둥 뜨기 쉽답니다.

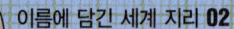
이름에 담긴 세계 지리 02

에베레스트 산의 진짜 이름은?

조지 맬러리(1886~1924년)라는 영국의 산악가는 3번이나 에베레스트 등반에 나섰지만, 결국 정상 등반을 눈앞에 두고 실종되고 말았습니다.

그는 3차 원정을 떠나기 전 한 강연에서 "왜 자꾸 에베레스트에 올라가길 원하는가?"라는 질문에, "산이 거기 있기 때문에 오른다(Because it is there)"라는 말을 남깁니다. 당연히 '산'은 에베레스트를 뜻하지요. 조지 맬러리가 그토록 오르고 싶어 했던 에베레스트는 그 뒤로 스물아홉 해가 지나서야 사람의 발길을 허락합니다.

에베레스트는 세계에서 가장 높은 봉우리예요. '세계의 지붕'이라 불리는 히말라야 산맥, 그 중에서도 가장 높은 봉우리지요. 높이는 무려 8848m. 인도 북동쪽, 네팔과 중국 티베트 자치구 국경에 우뚝 솟아 있어요.

그런데 한 가지 이상하지 않나요? 분명 아시아에 있는 산인데, 왜 이름이 서양식일까요? 특별한 뜻이라도 갖고 있는 걸까요?

때는 1850년대로 거슬러 올라갑니다. 인도를 식민지 삼아 통치하던 영국은 히말라야를 포함한 인도 대륙 전체의 지도를 만들기 위해 측량을 실시했습니다. 그리고 1852년 에베레스트의 높이를 8840m로 측정하지요.

하지만 한동안 이 산은 이름이 없었습니다. '피크 15(15번째 봉우리)'라고만 불렸을 뿐이에요. 네팔과 티베트 국경 깊숙한 곳에 있어

서 원래 이름을 알 수 없었고, 측량을 했던 지점도 산에서 1000㎞가 훨씬 넘게 떨어진 곳이었거든요. 1865년 인도 측량국장이었던 앤드루 워는 이 산에 에베레스트라는 이름을 붙입니다. 전임 측량국장이었던 '조지 에베레스트'의 이름을 딴 것이지요.

그렇지만 이렇게 높은 산에 이름이 없을 리가 있겠어요? 티베트 사람들은 오래전부터 이곳을 '초모룽마'라고 불러 왔습니다. 초모룽마는 '세계의 어머니' 또는 '성스러운 어머니'라는 뜻이에요. 1970년대 들어 네팔 정부는 '우주의 어머니'라는 뜻의 '사가르마타'를 공식 명칭으로 발표하기도 합니다.

에베레스트의 높이는 그동안 몇 차례 수정되어 왔어요. 처음에는 8840m였다가 8882m로, 1954년부터는 8848m로 정착됐지요.

그런데 최근 이 산의 높이를 두고 말이 많습니다. 1999년 5월 미국 탐험대가 GPS장비를 이용해 측정한 결과는 8850m였어요. 2005년 10월 중국 정부에서 측정한 결과는 또 달라요. 8844.43m로 낮아졌습니다.

일부에서는 지구 온난화로 얼음이 녹고 해수면이 높아져 에베레스트가 낮아졌다고 해요. 또 한편에서는 에베레스트 아래쪽의 인도판과 유라시아판의 충돌로 산이 점점 더 높아지고 있다고 주장하기도 합니다. 측량 기술이 아무리 발전했다 해도 아직은 에베레스트의 신비를 풀 만큼은 안 되나 봅니다.

이름에 담긴 세계 지리 03

도대체 얼마나 춥길래 아이슬란드(Iceland)?

전 세계 국가 중 얼음이 가장 많은 나라는 어디일까요?

10명 중 9명은 아이슬란드를 떠올리지 않을까 싶어요. 나라 이름을 그대로 옮기면 '얼음의 땅'이 되니까요.

아이슬란드는 대서양 북부의 북극권 바로 남쪽에 있는 섬나라입니다. 가장 가까운 서쪽의 그린란드까지는 2780㎞나 떨어져 있지요. 면적(10만 3000㎢)은 남한보다 조금 크지만, 인구는 30만 명에 불과합니다.

그러나 아이슬란드는 '얼음

의 나라'가 아니에요. 1년 내내 얼음에 뒤덮여 있는 땅은 전체 국토의 12%밖에 안돼요. 알래스카의 앵커리지보다 북쪽에 있지만, 훨씬 덜 추워요. 겨울에도 얼음이 어는 항구가 거의 없을 만큼 따뜻하지요. 세계에서 가장 북쪽에 있는 수도인 아이슬란드의 수도 레이캬비크는 1월 평균 기온이 섭씨 영하 0.4° 정도입니다.

이처럼 아이슬란드가 우리 생각만큼 춥지 않은 것은 섬 주위를 흐르는 북대서양 난류 덕분이에요. 또한 800개에 가까운 온천이 곳곳에 있어서 추위를 녹이기에 아주 좋지요.

그렇다면 '얼음의 왕국'이라는 이름은 누가, 왜 지었을까요?

865년 무인도였던 이 섬에 발을 들여놓은 바이킹 프로키가 이 이름을 지었다고 하는데, 그 이유에 대한 추측은 두 가지로 갈립니다. 하나는 얼음밖에 보이지 않는다고 해서 아이슬란드라고 지었다는 주장이에요. 또 하나는 정반대예요. 바이킹들이 북쪽으로 한참 노를 저어 도착한 이 섬은 의외로 따뜻했다는 것이죠. 군데군데 파릇파릇한 식물도 눈에 띄었고요. 섬을 독차지하고 싶은 욕심에 '얼음의 땅'이라는 무시무시한 이름을 붙였다는 것입니다.

아이슬란드의 온천, 블루 라군

어쨌든 얼음의 땅에 정착한 바이킹들의 판단은, 적어도 2007년까지는 옳았어요. 아이슬란드는 2007년 유엔이 선정한 세계에서 가장 살기 좋은 나라였으며, 1인당 국민소득은 6만 6500달러로 세계 5위였으니까요. 또한 같은 해 유엔개발계획이 발표한 인간개발지수에서 1위를 차지했어요. 신경제재단이 선정한 '유럽에서 가장 행복한 국민' 역시 이 나라 사람들이었고요.

하지만 2008년 세계 경제가 위기에 빠지면서 상황이 달라졌어요. 금융 산업이 중심이었던 이 나라에서 외국 자본이 빠져나갔고, 아이슬란드는 부도 위기에 내몰렸지요. 급기야는 국제통화기금(IMF)으로부터 긴급 구제금융을 지원받는 처지가 됐답니다.

이름에 담긴 세계 지리 04

우루과이와 파라과이는 친한 사이일까?

우루과이와 파라과이는 남아메리카 대륙에 나란히 자리잡고 있어요. 우루과이는 남동부 대서양과 맞닿아 있고, 파라과이는 우루과이 가까이에 위치한 내륙 국가죠.

두 나라 이름에 들어가는 '과이(guay)'는 철자도, 뜻도 똑같아요. 이 지역 원주민인 과라니족 말로 '강'을 뜻하지요. 이름도 비슷하고 위치도 가깝고……. '혹시 한 나라였다가 둘로 나뉜 것은 아닐까' 하는 생각이 듭니다.

우루과이는 '우루스(Urus, 새의 한 종류)의 강', 또는 '유채색을 띤 화려한 새의 강'이라는 뜻입니다. 파라과이는 '위대한 강으로부터'라는 뜻의 'Pararaguay'에서 유래됐다는 주장과, '많다'라는 뜻의 'Para'에서 왔다는 의견이 있어요. 여기서 위대한 강은 브라질에서 시작돼 파라과이와 아르헨티나 국경을 거쳐 흐르는, 길이 3299km의

파라나 강을 뜻해요.

우루과이는 전체 면적이 17만 6220㎢로, 한반도보다 조금 작습니다. 남아메리카 대륙에서는 수리남 다음으로 작은 국가죠. 인구도 326만 6000명(2006년)에 불과해요.

파라과이는 우루과이보다 훨씬 넓습니다. 전체 면적 40만 6752㎢에, 599만 3000명(2006년 기준)이 살고 있어요.

두 나라엔 공통점이 많습니다. 두 나라 모두 천주교를 믿는 국민이 90% 이상이며, 19세기 초 식민지 생활을 끝내고 완전히 독립했지요. 공식 언어도 똑같이 스페인어(파라과이는 과라니어도 함께 쓴다)입니다.

그러나 우루과이와 파라과이는 한때 처절한 전쟁을 벌인 원수 사이기도 해요. 1864년부터 1870년까지 파라과이는 우루과이와 브라질, 아르헨티나 등 3개국을 상대로 전쟁을 벌였고, 그 결과 전 국민의 60%(남자의 90%)를 잃었습니다. 파라과이 국민들이 우루과이에 대해서 좋은 감정을 갖고 있을 것 같지는 않네요.

서인도 제도와 인도는 무슨 관계?

　남아메리카와 북아메리카 대륙 사이에는 많은 섬이 있습니다. 섬의 수는 무려 1만 2000여 개나 되지요. 하지만 이 중 사람이 사는 섬은 180여 개에 불과합니다. 나머지는 모두 무인도지요.

　이 섬들을 통틀어 '서인도 제도'라고 부릅니다. 영어 표기 역시 'West Indies'로 '인도의 서쪽에 있는 여러 섬'을 뜻합니다.

　그런데 잠깐! 인도라니요? 물론 서인도 제도가 인도의 서쪽에 있다고 볼 수는 있지만, 너무 멀리 떨어져 있는걸요? 지구 반대편이라고 해도 과언이 아닙니다. 서인도 제도와 인도는 대체 어떤 관계가 있는 걸까요?

　서인도 제도에는 쿠바, 아이티, 도미니카, 자메이카, 트리니다드 토바고, 바베이도스, 바하마 등 독립 국가가 단 7개뿐입니다. 나머지는 모두 영국, 미국, 프랑스, 네덜란드 등 4개국의 식민지입니다.

인도 땅은 이곳에 단 한 뼘도 없습니다. 한마디로 인도와는 아무런 관련이 없는 곳이지요.

그런데도 서인도라는 이름이 붙은 것은 이탈리아의 탐험가 크리스토퍼 콜럼버스(1451~1506년)의 착각 때문입니다. 콜럼버스는 유럽에서 배를 타고 서쪽으로만 항해하면 인도에 갈 수 있다고 굳게 믿고 1492년 8월 3일 에스파냐 이사벨 여왕의 도움을 받아 파로스 항구를 떠납니다. 3척의 배, 120여 명의 선원이 그와 함께했지요.

그는 보름 정도면 인도에 닿을 수 있다고 주장했습니다. 그러나 한 달 이상 항해해도 육지는 보이지 않고 푸른 바다만 계속됐어요. 선원들은 점점 불안해졌습니다. 콜럼버스는 며칠 더 항해해도 육지가 나타나지 않으면 배를 돌리겠다며 선원들을 달랬습니다. 그리고 1492년 10월 12일 현재의 바하마 제도에 도착하지요.

그는 이곳을 인도의 일부라고 굳게 믿었고, 또 그 신념을 간직한 채 세상을 떠났습니다. 후세 사람들은 나

중에 이곳을 인도의 서쪽이라는 뜻으로 서인도 제도라는 이름을 붙였습니다.

이 지역은 바다에 둘러싸여 있기 때문에 늘 기후가 쾌적하고 경치가 아름답습니다. 특히 바베이도스는 세계 최고의 관광지 중 하나로 손꼽힙니다.

이름에 담긴 세계 지리 06

나라 이름에 이런 뜻이!

아기가 태어나면 어른들은 좋은 이름을 짓기 위해 머리를 맞대곤 합니다. 오래전부터 생각해 온 이름을 붙이기도 하고, 태어난 날과 시간 등을 고려해 정성껏 이름을 짓기도 하지요. 또 전문가에게 맡기는 경우도 있어요. 오랫동안 부를 이름인 만큼 신중에 또 신중을 기하는 것이지요.

수천만 명 또는 수억 명의 국민이 모인 국가의 이름은 이보다 더 중요해요. 고작 수십 년이 아니라 수백 년, 수천 년간 불리는 이름이기 때문이에요. 이처럼 중요한 나라 이름들에는 어떤 뜻이 담겨 있을까요?

나라의 이름 중에는 그 나라의 땅 모양이나 자연환경이 어떤지를 한마디로 나타내 주는 것이 많아요. 가장 대표적인 경우가 네덜란드예요. 네덜란드는 국토의 25%가 바다보다 낮은 나라 형편에 꼭

맞게 '낮은 땅'이라는 뜻이지요. 남아메리카의 에콰도르는 '적도'를 뜻하는 스페인어가 나라 이름이 되었어요. 실제로 적도가 이 나라의 북부를 지나간답니다. 남아메리카의 칠레는 '땅이 끝나는 곳'이라는 인디언 말에서 나왔어요. 아마도 이 나라가 서쪽으로 태평양과 맞닿아 있어 더 이상 오갈 데가 없기 때문인 듯 싶어요. 국토의 12%가 얼음으로 뒤덮여 있는 아이슬란드(Iceland)는 말 그대로 '얼음 땅'이라는 뜻이랍니다.

역사적 사건이 영향을 미친 이름도 있어요. 중앙아메리카의 엘살바도르는 '구세주'라는 뜻이에요. 1524년 험한 산맥을 넘어 이 땅에

도착한 한 장군이 신에게 감사하는 뜻에서 이런 이름을 붙였어요. 온두라스는 '깊다'라는 뜻이에요. 콜럼버스가 제4차 항해 때 이 나라 앞 깊은 바다의 강한 해류에 휩쓸려 온갖 어려움을 겪었기 때문이에요. 아프리카의 라이베리아는 '자유의 나라'예요. 1822년 미국은 해방 노예를 이곳에 옮겨 놓았지요.

민족이나 국민성이 반영된 나라 이름으로는 유럽의 벨로루시가 손꼽히지요. 벨로루시는 '하얀 러시아'라는 뜻이에요. 흰 피부를 가진 이 나라 국민들은 흰색을 좋아해서 흰 옷을 즐겨 입으며, 담장도 하얗게 색칠한다고 해요. 아프리카의 에티오피아는 '혼혈인' 또는 '태양에 그을린 얼굴'이라는 뜻이에요. 이 나라 사람들의 피부가 보기 좋은 구릿빛인 것은 당연한 일이지요.

유럽의 아일랜드(Ireland)는 아일랜드 전설 속 여신인 '에이레(Eire)'에 땅을 뜻하는 '랜드(land)'가 합쳐진 이름이랍니다.

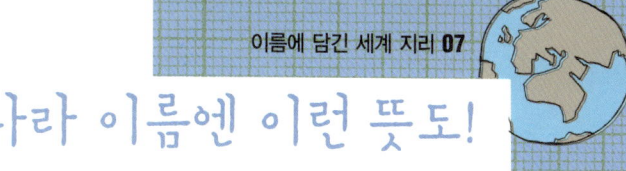

이름에 담긴 세계 지리 07

나라 이름엔 이런 뜻도!

나라 이름을 좀 더 살펴볼까요? 수백 년 수천 년 이어져 온 나라 이름에는 저마다 숨겨진 뜻이 있어요.

오랜 역사를 자랑하는 국가 이름에는 민족의 이름이 들어간 경우가 많아요. 프랑스는 '프랑크족이 사는 땅'이라는 뜻이고, 루마니아는 '로마 제국의 후손'이라는 뜻이에요. 터키는 '투르크인들의 땅'이며, 독일은 '게르만족의 나라'죠. 이란은 '아리아인의 나라'예요.

미국을 보통 U.S.A라고 표기하는데, 이는 아메리카합중국(United States of America)의 줄임말이에요. 이 중 아메리카는 신대륙을 발견한 아메리고 베스푸치(1454~1512년)의 이름을 딴 대륙명을 그대로 가져온 것이고, 합중국(United States)은 여러 주들이 한데 모여 연방을 이뤘다는 뜻이에요. 영국은 잉글랜드, 웨일스, 스코틀랜드와 북아일랜드로 구성됐기 때문에 연합왕국(United Kingdom)으로 불린답니다.

역사적 인물이 나라 이름으로 굳어진 예로는 이탈리아의 탐험가 콜럼버스(1451~1506년)의 이름을 딴 콜롬비아와 독립운동가인 시몬 볼리바르(1783~1830년)의 이름을 딴 볼리비아가 있어요. 왕국의 이름이 그대로 내려 온 국가로는 아프리카의 앙골라와 우간다를 꼽을 수 있어요. 앙골라는 16세기 왕국 이름인 '음둔부'가 포르투갈어로 변한 것이고, 우간다는 19세기부터 세력을 얻은 '부간다' 왕국에서 비롯된 명칭이에요. 중동의 사우디아라비아 역시 '사우드' 왕조로부터 전해 내려온 이름입니다.

'스탄'이라는 말이 붙은 나라도 여럿이에요. 중앙아시아의 카자흐스탄, 우즈베키스탄, 투르크메니스탄, 아프가니스탄, 키르기스스탄 등이죠. '스탄'은 '땅' 또는 '나라'를 뜻해요.

'네시아'라는 말이 붙은 나라들도 있지요. 인도네시아와 미크로네시아에 공통적으로 들어가는 '네시아'는 '섬'이라는 뜻이에요. 이들 나라는 수많은 섬으로 이뤄져 있거든요.

　언뜻 보면 비슷하지만 전혀 상관없는 국명도 있어요. 유럽의 오스트리아는 '동쪽 제국'이라는 뜻이고, 오스트레일리아는 '남방 대륙'이라는 뜻이랍니다.

섬 이름에 얽힌 이야기

세계 지도에 나오는 이름들에 어떤 뜻이 담겨 있는지 살펴봤습니다. 세계에 대해 알려면 이름 하나도 그냥 지나칠 수가 없어요.

이번엔 섬 이름에 담긴 뜻을 알아보기로 해요. 세계의 섬 중에는 아주 낭만적이거나 매우 종교적인 이름을 갖고 있는 곳들이 있답니다.

'크리스마스 섬'은 새하얀 눈과 산타, 징글벨이 연상되는 곳이에요. 하지만 실제로는 열대 기후에 위치해 1년 내내 눈은 구경조차 할 수 없어요. 그런데도 이렇게 낭만적인 이름을 얻게 된 것은 1643년 성탄절에 이 섬이 발견되었기 때문이에요.

네덜란드의 탐험가 로게벤은 1722년 4월 5일, 칠레 해안으로부터 서쪽으로 3700km나 떨어진 남태평양에서 작은 섬을 발견했어요. 마침 그날은 부활절이었고, 로게벤과 선원들은 이를 기념해 '이스터 섬'이라는 이름을 지었어요. 이스터(Easter)는 '부활절'이라는 뜻이에요. 물론 원주민들이 부르는 이름은 따로 있었어요. '빛나는 위대한 섬'이라는 뜻의 '라파누이'입니다.

사투리나 잘못된 발음 때문에 이름이 바뀐 섬들도 있어요. 하얀 모래사장과 따뜻하고 얕은 바닷물로 유명한 세계적인 휴양지 '보라보라 섬'의 원래 이름은 '바바우'였어요. '최초로 태어났다'는 뜻의 추장 이름이었다고 해요. 그런데 유럽 사람들이 이를 '보라보라'라고 잘못 발음하기 시작했어요. 그리고 결국은 이것이 섬 이름으로 굳어졌지요.

태평양에 있는 섬나라 '키리바시'는 '길버트(Gilbert)'의 현지 사투리 발음에서 유래됐어요. 길버트는 1788년 이곳에 상륙한 영국 해군 대령의 이름이에요.

'갈라파고스'는 찰스 다윈의 진화론에 영향을 준 섬으로 유명합니다. 남아메리카의 에콰도르 해안에서 서쪽으로 1000km 떨어진 이 섬은 1535년 에스파냐(스페인)의 T. 데 베를랑가가 발견했어요. 그런데 이 무인도에는 큰 거북이 많이 살고 있었다고 해요. 에스파냐어로 거북을 '갈라파고스'라고 합니다. 그렇게 이 섬의 이름은 갈라파고스가 되었어요. 지금도 갈라파고스의 주요 특산물은 거북의 등딱지와 기름입니다.

지구촌 곳곳 나라 사정

수많은 나라가 모여 지구촌을 이룹니다.
지구는 하나인데 그 안에 여러 나라가 있으니 지구촌은 언제나 시끌시끌합니다.
나라와 나라 사이에 싸움이 일어나기도 하고,
가난한 나라가 있는가 하면 부자 나라도 있어요.
어떤 일들이 벌어지고 있는지 살펴볼까요?

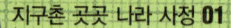

러시아는 울고 미국은 콧노래

지금으로부터 140여 년 전인 1867년, 러시아는 미국에 알래스카를 팔아 넘깁니다. 그때 러시아가 받은 땅값은 720만 달러였죠. 당시 이 거래를 두고 두 나라의 반응은 사뭇 달랐습니다. 러시아는 그야말로 축제 분위기였고, 미국에는 싸늘한 비난만 가득했습니다. 미국인들은 알래스카를 '스워드의 무용지물(Seward's Folly)' 또는 '스워드의 얼음 상자(Seward's Ice Box)'라며 놀려 댔습니다. 윌리엄 스워드는 알래스카 구매를 주도했던 당시 미국의 국무장관입니다.

그런데 지금은 두 나라의 상황이 180° 바뀌었습니다. 알래스카만 생각하면 러시아는 멀쩡하던 배가 다 아플 지경입니다. 러시아 역사상 '최악의 거래'라는 평가를 듣고 있지요. 반면 미국은 느긋하게 콧노래를 부르고 있습니다. 이 땅은 미국에 저절로 굴러 들어온 '복덩어리'나 마찬가지거든요.

북아메리카 북서쪽 끝에 있는 알래스카의 면적은 153만 694㎢입니다. 이는 한반도 면적의 7배나 되며, 미국의 50개 주 가운데서도 가장 넓습니다. 북쪽은 북극해, 남쪽은 태평양과 맞닿고, 서쪽은 베링 해협을 사이에 두고 시베리아와 마주합니다.
　알래스카는 러시아 황제의 의뢰로 덴마크의 탐험가 베링이 1741

년에 발견했습니다. 이때 러시아는 지사를 파견해 이곳을 통치했는데, 어려움이 많았다고 해요. 수도 상트페테르부르크에서 너무 멀었고, 관리 비용도 많이 들었기 때문이지요. 알렉산드르 2세는 마침 나라의 형편이 어려워지자 1867년 이 땅을 팔아 버립니다. 기껏해야 모피나 얻을 수 있는, 짐승이나 사는 땅이라고만 생각했던 것이지요. 그들에게 알래스카는 얼음투성이의 쓸모없는 땅일 뿐이었습니다. 그러나 스워드는 얼음 속에 감춰진 가치를 알아봤습니다. 그는 '후손들을 위해서 그 땅을 사야 한다'며 끈질기게 의회를 설득했습니다.

결국 스워드의 판단은 옳았습니다. 땅을 산 지 10여 년 뒤 알래스카에서 금광이 발견되었고, 뒤이어 대규모의 석유와 가스 자원이 발견되었습니다. 석유의 경우 현재까지 확인된 매장량만 45억 배럴입니다. 이를 돈으로 환산하면 2700억 달러(약 3620조 원)에 달합니다. 군사적 요지로도 톡톡히 제 몫을 해내고 있으며, 지구상에 남아 있는 마지막 생태계의 보고로 관광객까지 불러 모으고 있습니다.

  미국은 1959년 '거저 주운 황금 땅'을 49번째 주로 지정했습니다. 스워드 국무장관이 영웅이 된 것은 말할 것도 없습니다. 알래스카의 중앙을 지나는 큰 고속도로의 이름은 다름 아닌 '윌리엄 스워드 고속도로'랍니다.

지구촌 곳곳 나라 사정 02

석유 가격이 계속 오르는 이유는?

최근 몇 년 사이 국제 유가가 하늘 높은 줄 모르고 올랐습니다. 국제 유가가 오르면 대부분의 나라들은 시름에 젖습니다. 당장 물가가 올라 서민들의 살림살이가 어려워지니까요.

2008년 미국에서 시작된 금융 위기로 세계적인 경기 불황이 닥치면서 국제 유가가 많이 떨어지긴 했지만, 특히 우리나라처럼 기름이 나지 않아 유가에 민감한 나라들은 기름이 나는 나라들이 그저 부러울 따름입니다.

전 세계 석유 생산량 중 31%는 중동에서, 21.6%는 유럽에서, 16.8%는 북아메리카에서 생산됩니다. 이 밖에 아프리카 12.1%, 아시아 9.9%, 중남미 8.6%순입니다(2005년 기준).

세계 최대 산유국은 중동의 사우디아라비아(앞으로는 '사우디'로 표기)입니다. 사우디가 하루에 생산하는 원유는 약 1000만 배럴. 전 세계 수출 물량의 19%를 차지합니다. 확인된 매장량도 많아서, 2640억 배럴(2005년 기준)로 세계 총 매장량의 22%나 차지합니다.

원유 생산 2위는 러시아이며, 미국과 이란, 멕시코가 차례로 3~5위에 올라 있습니다.

사우디는 아라비아 반도의 80%를 차지하는 넓은 국토를 자랑합니다. 하지만 국토 대부분이 황량한 사막입니다. 1927년 영국으로부터 비교적 쉽게 독립할 수 있었던 것도 '쓸모 없는 땅'이라는 점이 큰 영향을 미쳤지요. 그러나 1930년대 초, 나라 곳곳에서 석유가 발견되기 시작합니다. 그때부터 유목으로 생활하던 가난한 나라에 '오일 머니'가 쏟아져 들어오기 시작하지요. 2012년 1인당 국민소득은 약 2만 2635달러로 세계 36위입니다. 사우디의 국왕인 압둘라빈 아지즈는 2007년 잡지 포브스가 선정한 '세계에서 가장 돈

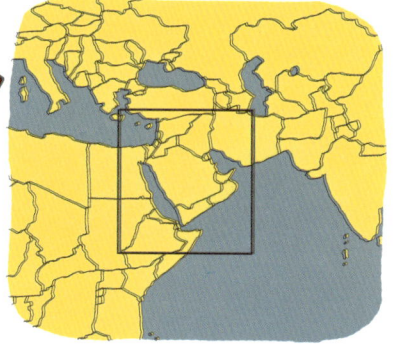

많은 왕족' 3위에 오르기도 했습니다. 공식적으로 밝힌 그의 재산은 230억 달러 정도입니다.

   그러나 최근 사우디의 유전이 빠르게 바닥나고 있다는 분석이 나오고 있습니다. 미국 캘리포니아 대학 연구팀은 사우디 원유의 절반을 생산하는 가와르 유전에 대한 컴퓨터 시뮬레이션 결과, 북쪽의 원유층이 급격히 감소해 거의 고갈됐다는 결론을 얻었습니다. 알리 나이미 사우디 석유장관은 "석유 생산이 한계에 도달해 더 이상 증산이 어렵다"고 털어 놔 세계 경제에 충격을 주기도 했습니다. 더 큰 문제는 석유 자원의 고갈이 사우디만의 문제가 아니라는 것입니다. 다른 산유국들도 같은 고민을 안고 있습니다. 리비아 국영 석유공사 사장도 "석유수출국기구(OPEC) 회원국 중 어느 곳도 증산할 여력이 남아 있지 않다"고 말했습니다. 남아 있는 석유가 점점 줄고 있으니 석유 가격은 계속 오를 수밖에 없습니다.

정부를 비판하는 뉴스는 나오지 않는 나라

　프랑스 파리에 본부를 둔 '국경 없는 기자회'는 세계의 언론 자유와 언론인들의 인권을 보호하기 위해 1985년 설립된 국제 기자단체입니다. 국경 없는 기자회는 매년 '세계 언론 자유지수'를 발표합니다. 기자 살해, 체포, 고문 등 언론인에 대한 직접적인 가해 행위와 검열, 압수, 수색 등에 관한 사항 등을 50개 항목으로 나누어 점수를 매긴 것이지요.

　2011년 자유지수에서는 북유럽의 핀란드와 노르웨이가 가장 높은 점수를 받았어요. 179개국 중 우리나라는 44위, 북한은 꼴찌를 간신히 면한 178위를 기록했죠. 북한과 최하위를 놓고 다툰 나라는 투르크메니스탄(177위)과 에리트레아(179위)였습니다.

　에리트레아는 아프리카 북동부에 있어요. 1993년 에티오피아에서 독립했지요. 1인당 국민총생산이 1000달러에 불과할 만큼 가난한

나라예요. 그러나 국내총생산(GDP)에서 군사비가 차지하는 비중은 세계 1위랍니다.

에리트레아에는 정부의 입장을 알리는 관영 언론만 있어요. 2001년 정부는 사기업 언론을 아예 없애 버렸어요. 정부를 비판한 언론인들은 구속되었고, 그 가운데 일부는 수감 중 사망했어요. 그래서 이 나라의 TV나 신문 뉴스는 온통 정부 정책과 대통령을 찬양하는 내용뿐이랍니다. 대통령 이사이아스 아페웨르키는 1993년 초대 대통령에 취임한 이래 2012년 현재까지 집권하고 있어요. 언론 자유 지수가 세계 꼴찌일 수밖에요.

물론 종교의 자유도 없어요. 에리트레아는 기독교를 탄압하는 아프리카의 여러 국가들 중에서도 상황이 매우 심각합니다. 지금까지 약 2000여 명의 기독교인들이 종교 때문에 감옥에 갇힌 것으로 알려져 있어요.

투르크메니스탄은 중앙아시아 남단에 있는 나라입니다. 1991년 구소련의 해체와 함께 독립을 맞이했는데, 손꼽히는 '자원 부자 나라'입니다. 가스 매장량은 전 세계의 10%를 차지하고, 석유 매장량도 상당합니다.

하지만 이 나라는 인권 탄압 국가로 더 유명하지요. 2006년 12월 심장마비로 세상을 떠난 사파르무라트 니야조프 전 대통령은 21년 동안 그야말로 나라를 마음대로 주물렀거든요. 자신의 정책을 비판하는 야당과 반정부 인사는 무조건 처단했고, 언론도 철저히 통제했지요. 에리트레아와 마찬가지로 이 나라의 모든 TV와 라디오, 신문은 모두 국영입니다.

2007년 2월 새 대통령에 오른 베르디무하메도프는 취임하자마자 시내에 PC방을 설치하는 등 변화의 조짐을 보여 줬습니다. 그러나 여전히 대통령의 초상화는 정부의 건물과 호텔, 쇼핑센터 등에 걸려 있지요. 투르크메니스탄에는 언제쯤 자유의 바람이 불 수 있을까요?

지구촌 곳곳 나라 사정 04

카스피 해를 둘러싼 다섯 나라의 분쟁

　카스피 해(Caspian Sea)는 바다일까요, 호수일까요?

　이름으로 봐서는 분명 바다 같지만, 육지로 꽉 막혀 있는 이곳은 그동안 호수로 알려져 왔습니다. 그러나 이곳이 바다인지 또는 호수인지 명확하게 정해 놓은 '법'은 세상 어디에도 없습니다.

　카스피 해는 러시아, 아제르바이잔, 투르크메니스탄, 카자흐스탄, 이란 등 5개 나라에 둘러싸여 있습니다. 면적은 약 37만 1000㎢로 남한의 4배 가까이 됩니다. 카스피 해의 물은 염분을 14%나 포함하고 있어요. '세계의 진미'로 알려진 귀한 캐비어를 품고 있는 철갑상어도 이곳에 삽니다.

　그런데 최근 '카스피 해는 호수가 아니라 바다'라며 주장하고 나선 국가들이 있습니다. 카스피 해 연안국인 아제르바이잔과 카자흐스탄, 그리고 러시아입니다. 이유가 뭘까요?

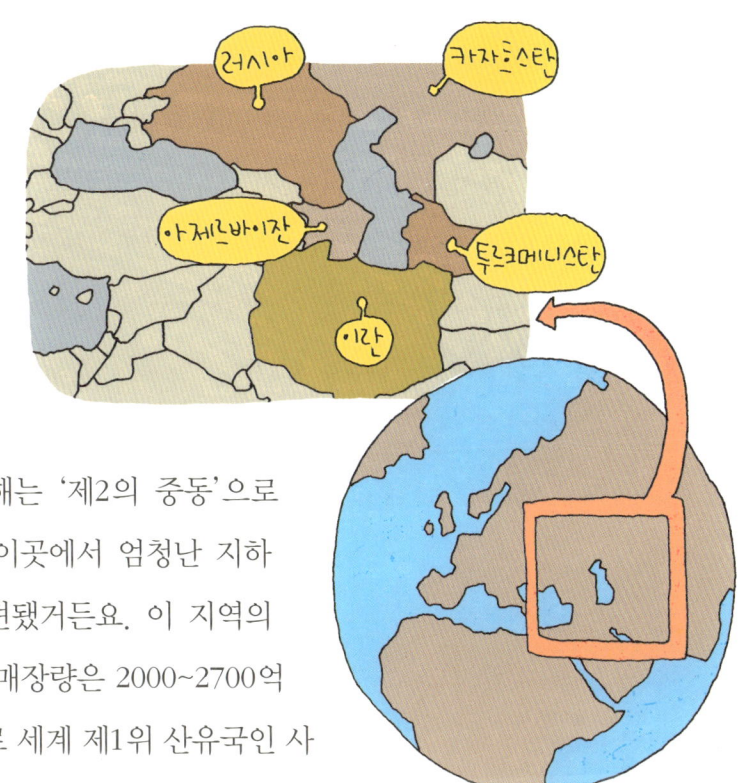

　카스피 해는 '제2의 중동'으로 불립니다. 이곳에서 엄청난 지하자원이 발견됐거든요. 이 지역의 석유 추정 매장량은 2000~2700억 배럴 정도로 세계 제1위 산유국인 사우디아라비아와 맞먹는 어마어마한 양입니다. 게다가 천연가스 매장량도 세계 1위입니다. 문제는 단 하나! 원유 대부분이 깊은 물속에서 발견되고 있다는 것입니다.

　카스피 해가 호수라면 이 어마어마한 지하자원은 국제법에 따라 연안 5개국이 함께 관리해야 합니다. 그러나 바다라고 한다면 이야기가 달라지죠. '배타적 경제 수역(연안으로부터 200해리 수역 안에 들어가는 바다)'이 인정돼, 각 나라가 연안 길이에 따라 독점적으로 자원 개발을 할 수 있거든요.

카스피 해의 해저 유전은 대부분 이곳을 바다라고 주장하는 나라들 앞에서 발견됐어요. 러시아는 처음에는 호수라고 주장하다가 최근에 바다라고 말을 바꿨죠. 자신들의 힘이 미치는 영역 안에서 유전이 발견됐기 때문입니다.

옛 소련 시절에는 연안국이 소련과 이란뿐이었고, 두 나라 사이에 조약을 맺어서 별다른 문제가 없었어요. 하지만 1991년 소련이 해체되면서 연안국이 5개로 크게 늘어났습니다. 당연히 시끄러워지겠죠?

5개국 정상들은 여러 차례 회의를 갖고 카스피 해의 법적 소유권 문제를 논의해 왔어요. 하지만 아직까지 뚜렷한 합의점을 찾지 못하고 있습니다. 아, 한 가지 의견 일치는 보았어요. 자기들 이외의 다른 어떤 나라도 카스피 해를 넘보는 것은 절대로 용납할 수 없다는 것이지요. 과연 카스피 해는 바다일까요, 아니면 호수일까요?

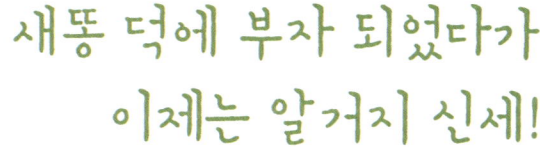

새똥 덕에 부자 되었다가 이제는 알거지 신세!

나우루 공화국을 아는 어린이는 그리 많지 않을 거예요. 오스트레일리아 위쪽 남태평양에 자리잡고 있다는 설명을 들어도, 막상 세계 지도에서 찾아내기란 쉽지 않아요. 점으로밖에 표시되지 않을 만큼 아주 아주 작은 나라니까요.

나우루 공화국은 적도에서 남쪽으로 420km 떨어져 있는 산호섬이에요. 전체 면적이 21.2㎢로 여의도의 2.5배 넓이밖에 안돼요. 유럽의 바티칸 시국(0.44㎢)과 모나코(1.9㎢)에 이어 세계에서 세 번째로 작은 나라죠. 인구도 1만 4000여 명에 불과하답니다.

1789년 영국인 탐험가 존 피언 선장이 유럽인으로는 처음 이 섬을 발견했어요. 1888년 독일령이 되었다가 1914년엔 호주군이, 제2차 세계대전 중에는 일본군이 차례로 이 섬을 점령했지요. 1968년이 되어서야 완전한 자유를 얻게 됩니다.

이렇게 작은 섬나라가 요즘 전 세계의 시선을 끌고 있답니다. 이유는 무려 3가지나 되지요.

그 중 하나는 갑작스럽게 변한 경제 사정 때문이에요. 나우루는 20여 년 전만 해도 전 세계에서 손꼽히는 잘사는 나라 중 하나였어요. 그러나 지금은 그야말로 '알거지' 신세랍니다. 이 작은 섬나라에 무슨 일이 있었던 걸까요?

수백만 년 전부터 바다새(앨버트로스)들은 남태평양의 한 산호초 위에 똥을 누웠어요. 그리고 이 똥이 쌓이고 쌓여 섬나라 나우루가 됐답니다. 새똥이라니까 얼굴부터 찌푸려지나요? 하지만 이 나라 사람들에게 새똥은 황금이나 다름없었어요. 오랜 세월 단단하게 굳어진 새똥이 인광석이 되었거든요!

비료의 기본 원료가 되는 인광석은 값이 무척 비싸요. 독립 후 나우루 사람들은 땅에서 '돈'을 파내기 시작했지요.

나우루는 벼락부자가 되었어요. 하지만 사람들은 이 돈을 제대로 쓸 줄을 몰랐어요. 넘쳐나는 돈을 주체할 수 없어 말 그대로 '흥청망청'했답니다. 섬 전체의 도로가 불과 180㎞에 불과한데도 집집마다 수억 원짜리 고급 스포츠카를 사들였고, 비행기를 전세 내 가까운 하와이나 피지로 쇼핑 여행을 떠나기도 했어요. 인광석 채굴은 외국 근로자에게 모두 맡기고 나우루 사람들은 그저 먹고 놀기만 했지요.

하지만 모든 자원은 유한한 것! 나우루의 인광석도 예외가 아니었어요. 2000년대 들어서 인광석은 바닥을 드러내기 시작했고, 대책 없이 놀고 먹기 바빴던 국민들의 주머니는 텅텅 비어 버렸지요.

또 하나 이 나라 사람들은 전 세계에서 가장 뚱뚱한 것으로도 유명해요. 이들은 오랜 세월 신선한 과일과 물고기를 주로 먹어 왔어

나우루의 인광석 광산

요. 그러나 인광석 덕분에 살림살이가 넉넉해지면서 서양 사람들처럼 고기를 비롯한 열량 높은 가공 식품을 즐기게 되었어요. 게으른 성격에 운동 부족까지 더해졌지요. 이 탓에 현재 나우루 국민의 94%가 과체중이며, 40%는 당뇨병을 앓고 있답니다.

최악의 소식은 나라 전체가 가라앉고 있다는 것이에요. 지구 온난화의 영향으로 해수면이 갈수록 높아지고 있기 때문이랍니다.

아랍? 이슬람? 중동?

언제부터인가 '아랍'이나 '이슬람'이라는 단어가 신문이나 TV에 자주 등장하고 있습니다. 불행히도 주로 좋은 일보다는 안 좋은 일과 연관되어서요. 9.11테러나 탈레반의 한국인 납치 사건이 발생했을 때, 사람들은 이슬람 또는 아랍이라는 말에서 공포를 느끼곤 했습니다.

그런데 아랍은 도대체 어디를 가리키는 말일까요? '이슬람 국가'나 '중동'과는 또 어떻게 다른 걸까요?

아랍(Arab)이란 종교와 언어, 민족을 기준으로 분류한 말입니다. '이슬람교'를 믿으며 '아랍어'를 쓰는 국가, 그리고 '아랍 민족'의 피를 지닌 사람들이 모여 사는 나라를 뜻하지요. 아랍 국가들은 '아랍국가연맹'이라는 회의체를 만들어 '같은 민족'이라는 사실을 내세우고 있습니다. 1945년 7개국(레바논, 사우디아라비아, 시리아, 예멘,

119

아랍국가연맹 회원국들

요르단, 이집트, 이라크)으로 출발해, 15개 국가(리비아, 모로코, 모리타니, 바레인, 소말리아, 수단, 아랍에미리트, 알제리, 오만, 지부티, 카타르, 코모로, 쿠웨이트, 튀니지, 팔레스타인)가 더해져 현재 22개국이 회원으로 가입해 있지요. 보통 '아랍국가연맹' 회원국들을 '아랍 국가'로 분류합니다.

그런데 '이란'이 명단에 빠져 있네요. 서남아시아에 자리잡은 이란은 분명 아랍 국가들과 이웃사촌이고, 같은 신을 믿고 있는데 말입니다. 왜 그럴까요? 이란인들은 아랍어 대신 페르시아어를 쓴답니다. 나라 이름의 뜻이 '아리아인(人)의 나라'인 것처럼, 민족도 다르고요. 터키 역시 언어(터키어)와 민족(투르크족)이 다르기 때문에 아랍 국가로 분류되지 않습니다.

반면 '중동'은 유럽인들이 자신들의 입장에서 규정한 지리적인 용어일 뿐입니다. 아프가니스탄(또는 파키스탄)으로부터 아프리카 북동부까지 포함하는 말이지요.

'이슬람 국가'는 이슬람이 국교인 나라와 이슬람 신자가 다수를 차지하고 있는 나라들을 일컫습니다. 현재 '이슬람회의기구'에 가입한 57개국을 보통 이슬람 국가라고 하는데, 여기에는 아랍국가연맹 회원국인 22개국 이외에 유럽(알바니아)과 남아메리카(가이아나, 수리남) 등의 25개국이 더해집니다.

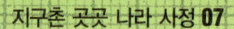
지구촌 곳곳 나라 사정 07

언어 지도 펼치면 역사가 보여

각 나라의 언어를 나타낸 지도를 '세계 언어 지도'라고 합니다. 이 지도를 보면 대략 그 나라가 걸어온 길을 가늠해 볼 수 있습니다. 아프리카와 남아메리카의 언어 지도를 들여다볼까요?

아프리카 대륙에는 그들 고유 언어를 공용어로 사용하는 나라가 거의 없습니다. 대부분 프랑스어나 영어를 씁니다. 식민 지배를 받았던 뼈아픈 역사 때문이지요.

평화롭던 아프리카에 검은 그림자가 드리우기 시작한 것은 16세기였습니다. 포르투갈, 영국, 프랑스 등 유럽 국가들은 처음엔 사람들을 잡아가 팔아먹는 '노예 무역'에 열을 올렸고, 나중에는 땅뺏기 경쟁을 벌입니다. 그들이 아프리카에서 물러난 것은 20세기 들어서였어요. 오랜 식민지 생활은 끝이 났지만, 그들이 남긴 언어는 이미 아프리카 사람들 삶 깊숙이 스며든 후였습니다.

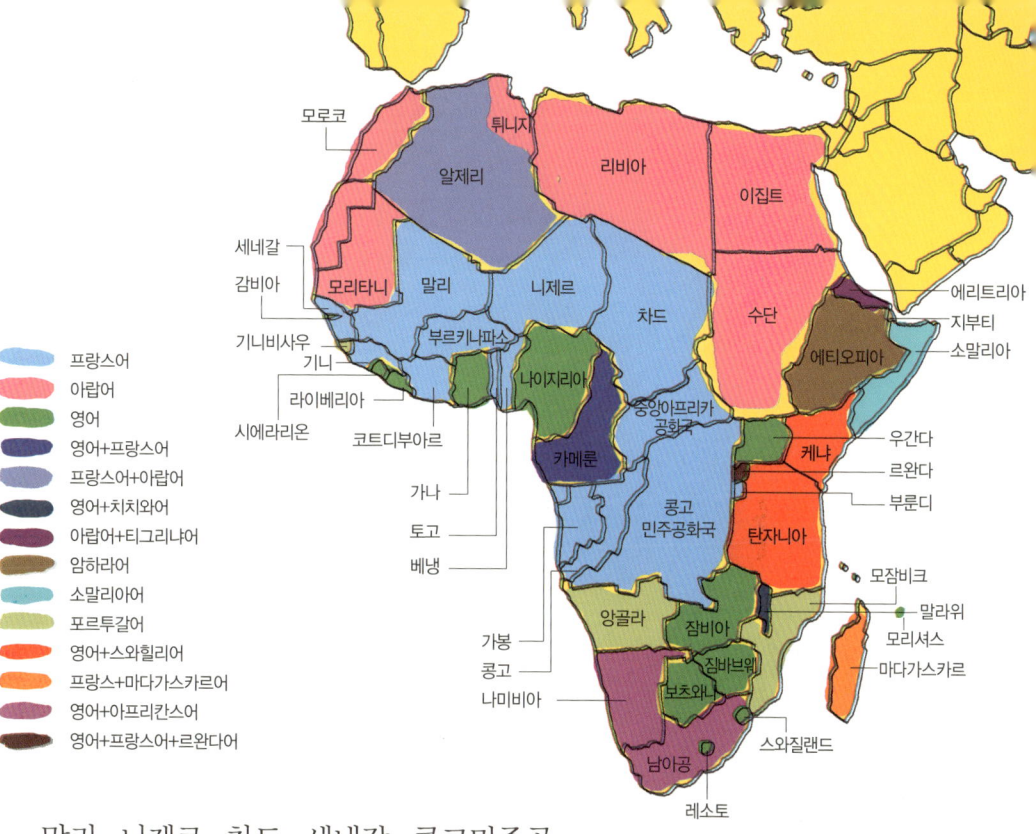

　　말리, 니제르, 차드, 세네갈, 콩고민주공화국 등 프랑스의 지배를 받았던 나라들은 지금도 프랑스어를 공용으로 씁니다. 가나, 나이지리아, 짐바브웨, 잠비아, 우간다 등은 영어를 공용어로 씁니다. 오랫동안 영국의 지배를 받았기 때문이지요. 17~19세기 포르투갈의 노예 무역 중심지였던 앙골라의 공용어는 포르투갈어. 역시 포르투갈 식민지였던 모잠비크도 그 언어를 버리지 못했습니다. 영어와 프랑스어를 같이 쓰는 나라도 있습니다. 두 나라가 나누어 지배했던 카메룬이지요.

　　드물기는 하지만 조상 대대로 내려온 언어를 그대로 사용하는 나라도 있습니다. 에티오피아는 3000년의 긴 역사 중 단 20년 동안만

외세의 지배를 받았어요. 이들은 13세기부터 이어져 온 '암하라어'를 쓰고 있습니다.

그런가 하면 남아메리카 대륙에선 스페인어가 강세입니다. 남아메리카는 16세부터 300년 넘게 스페인의 지배를 받았기 때문입니다.

15세기 말 남아메리카 대륙이 발견되자, 스페인이 가장 먼저 이곳에 식민지를 세웠습니다. 베네수엘라와 우루과이, 페루, 볼리비아, 칠레 등을 차지했지요. 나라 이름도 마음대로 지어 버렸습니다. 베네수엘라는 스페인어로 '작은 베네치아'라는 뜻이에요. 스페인의 정복자는 마라카이보 호수에 세워진 인디오 가옥이 이탈리아의 베네치아를 떠올리게 한다면서 이런 이름을 지었다고 합니다.

　현재 스페인어는 영어와 중국어의 뒤를 잇는 '제3의 세계 언어'입니다. 이 언어를 쓰는 전 세계 인구는 약 3억 3200만 명쯤 돼요. 대부분 예전에 스페인의 지배를 받았던 나라 사람들이죠.

　물론 남아메리카 국가 중 스페인어를 사용하지 않는 나라도 있습니다. 포르투갈의 지배를 받았던 브라질은 포르투갈어를 공용어로 씁니다. 대륙 북동쪽 끝에 자리한 가이아나(영국령 기아나)는 영어를, 수리남(네덜란드령 기아나)은 네덜란드어, 그리고 프랑스령 기아나는 프랑스어를 씁니다. 저마다 영국과 네덜란드, 그리고 프랑스의 지배를 받았던 것은 물론입니다.

지구촌 곳곳 나라 사정 08

작지만 알찬 부자 나라 룩셈부르크

　세상에서 가장 잘 사는 나라는 어디일까요? 미국? 일본? 아니면 영국이나 프랑스를 떠올렸나요? '잘 사는 나라'의 의미는 사람마다 조금씩 다르겠지만, 보통은 '부자 나라'라는 뜻으로 통해요. 그리고 그 기준이 되는 것 중 하나가 1인당 국민총소득(GNI)이랍니다.

　한국은행이 발표한 2006년 기준 한국의 GNI는 1만 7690달러였습니다. 비교 대상 209개국 중 51위밖에 안되는 수치였지요. 반면 세계 1위 국가의 1인당 GNI는 무려 7만 1240달러였습니다. 우리보다 4배나 많지요.

　이 나라는 바로 룩셈부르크입니다. 서유럽 한가운데 자리 잡고 있는, 이름조차 낯선 나라지요. 동쪽은 독일, 북쪽과 서쪽은 벨기에, 남쪽은 프랑스에 둘러싸인 내륙국입니다. 면적은 2586㎢로 제주도의 1.4배에 불과할 만큼 작디작지요. 사정이 이렇다 보니 일부 세계 지도에는 국명마저 제대로 표기되지 못하는 신세랍니다. 'Luxembourg'라는 정식 이름을 쓸 만큼 공간이 넉넉하지 않기 때문이에요. 그래서 때때로 'Lux'라고만 씌어집니다. 하지만 이 나라 사람들은 자기네 나라를 '유럽의 심장'이라고 부릅니다. 그만큼 자부심이 대단하다는 뜻이겠지요.

이 나라의 역사는 963년 시작됐습니다. 나라 이름은 '작은 요새'라는 뜻의 '루칠린부르흐크'에서 비롯됐어요. 나폴레옹은 룩셈부르크를 '유럽의 골동품'이라고 불렀다고 해요. 지리적 위치 때문에 끊임없이 부르고뉴가(家), 에스파

냐, 프랑스, 오스트리아 등의 지배를 받았지만, 꿋꿋하게 역사와 전통을 이어 나갔기 때문이었지요.

룩셈부르크가 1인당 GNI 기준 세계 1위 자리에 오른 것은 이번이 처음이 아니에요. 10년 이상 누구도 넘보지 못하는 '부동의 1위'랍니다. 일부 기관에서는 이 나라의 GNI가 이미 10만 달러를 넘어섰다는 분석을 내놓기도 한답니다.

룩셈부르크가 오늘날의 부를 이룰 수 있었던 것은 일찌감치 시대의 흐름을 읽은 데 있습니다. 이 나라는 1961년 벨기에, 네덜란드와 함께 경제동맹인 '베네룩스 3국'을 설립해 세계에서 처음으로 '자유시장'을 마련했어요. 1957년 설립된 유럽경제공동체의 창립 회원국이기도 하고요.

룩셈부르크 경제의 중심은 금융 산업이에요. 국민총생산의 30% 이상을 차지하고 있지요. 반면 실업률은 유럽연합(EU) 국가 중 가장 낮아요. 문맹률은 0에 가깝고, 국민 대부분이 프랑스어와 독일어를 자유자재로 쓸 수 있을 정도로 교육 수준이 높답니다. 인구 대비 휴대전화가입비율은 171%(2006년 기준). 이 역시 EU국가 중 최고랍니다.

지구촌 곳곳 나라 사정 09

사막 위에 최대 스키장을 만든 나라

국제 유가가 오르면 물가가 오릅니다. 공장에서 만들어지는 각종 제품의 생산비가 껑충 뛰기 때문이지요. 그래서 개인도 나라도 살림살이가 어려워집니다.

하지만 국제 유가가 폭등하면 할수록 미소를 짓는 나라들도 있습니다. 사우디아라비아, 쿠웨이트, 이란 등 세계 최대 산유국들이지요. 그리고 두바이가 있습니다.

두바이는 아라비아 만 연안에 있는 아랍에미리트 연방을 구성하는 7개의 나라 중 하나예요. 나라 이름은 아랍어로 '메뚜기'라고 합니다. 두바이의 면적은 3885㎢로 제주도(1848㎢)의 약 2배밖

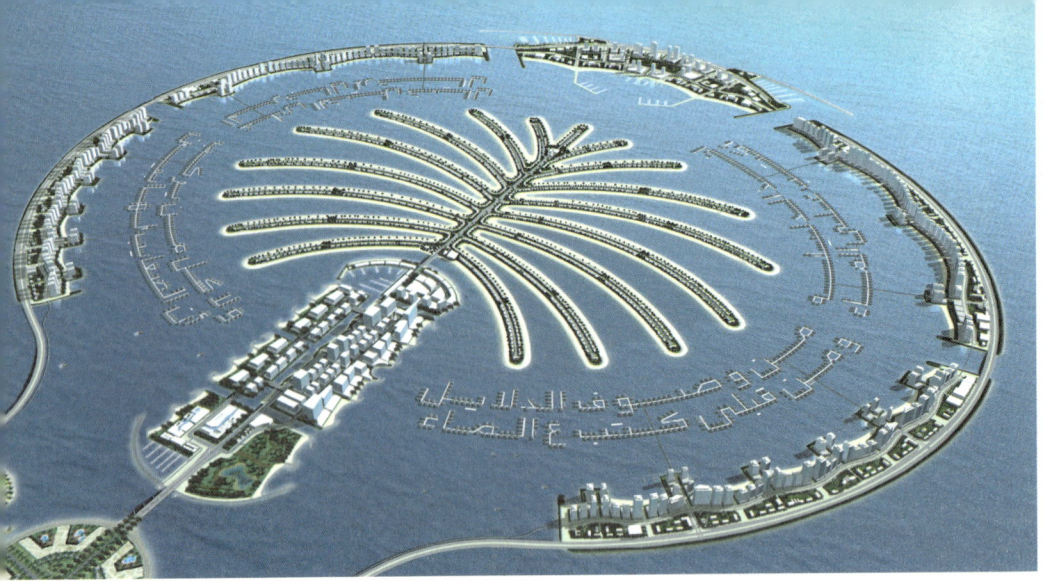

두바이의 인공 섬, 팜 주메이라

에 안 됩니다. 인구도 고작 140만 명에 불과해요. 그나마 외국인 비율이 80%나 됩니다.

두바이는 산유국으로 알려지기 시작했지만 370억 달러(2005년 기준)에 달하는 국내총생산(GDP)에서 석유가 차지하는 비중은 고작 3%밖에 안 된답니다.

20여 년 전만 해도 두바이는 단지 사막 한편에 있는 작은 어촌이었어요. 그러나 이제는 전 세계에서 가장 주목받는 나라가 되었지요. 두바이의 변화는 흔히 '사막의 기적'으로 불립니다.

이 나라에는 '세계 최고' 혹은 '세계 최초'로 손꼽히는 장소가 많습니다. 2008년 4월 세계에서 가장 높은 건축물로 기록된 버즈두바이(630m)를 비롯해, 세계 최초의 7성급 호텔인 '버즈알아랍'은 두바이의 상징물입니다. 야자나무를 본뜬 인공 섬 '팜 주메이라'는 바위

700만 톤, 모래 9400㎥를 바다에 쏟아부어 6년 여 만에 만든 세계 최대(560만 ㎡) 인공 도시랍니다. 또한 사막 한가운데에 6500톤의 인공 눈을 뿌려, 슬로프 길이가 450m에 달하는 세계 최대 규모의 실내 스키장도 만들었습니다.

 이 나라의 지도자인 알막툼 총리는 오래전부터 '석유를 다 써 버린 다음'을 걱정하고 미래를 준비했습니다. 생산되는 석유의 양이 그리 많지 않은 현실을 제대로 파악하고, 석유보다는 관광과 물류, 서비스업으로 먹고살아야 한다고 판단한 것이지요. 인광석 고갈 이후는 전혀 대비하지 않고 그저 흥청망청 먹고 놀기 바빴던 나우루 공화국과 좋은 대조를 이룹니다.

 볼거리, 즐길 거리가 많으면 관광객은 저절로 찾아오는 법입니다. 유가가 뛸수록 주머니가 넉넉해지는 중동 국가 부자들은 틈날 때마다 두바이로 달려가 돈을 씁니다. 석유는 많지 않지만, 두바이가 고유가에 웃을 수 있는 이유입니다.

지구촌 영토분쟁지역

세계 곳곳에는 여러 나라들이 서로 '자기네 땅'이라고 우기는 곳들이 있습니다. 웬만한 지도에는 표시조차 안 될 정도로 면적이 좁거나 아예 바다에 가라앉아 보이지 않는 곳이 많아 '도대체 왜 싸울까' 싶은 생각이 들기도 하지요. 그렇지만 영토 분쟁이 일어난 곳은 다 이유가 있답니다. 대부분 지하자원이나 군사적 중요성 때문이지요.

삼척동자도 다 아는 우리 땅인데도 불구하고, 일본은 독도를 자꾸 자기네 땅이라고 우기고 있어요. 2개의 큰 섬과 89개의 작은 바위섬으로 이뤄진 독도는 18만 7554㎡의 작은 화산섬이에요. 하지만 한류와 난류가 만나서 어종이 풍부하고, 해저에는 석유를 대체할 차세대 연료인 메탄하이드레이트 등 광물자원이 많이 매장된 것으로 알려져 있습니다.

유럽판 '독도 분쟁'도 있어요. 흑해의 뱀섬을 두고 우크라이나와 루마니아

사이에서 벌어지고 있는 분쟁이지요. 뱀 섬은 원래 루마니아 영토였으나, 1944년 뱀 섬의 전략적 중요성을 인식한 소련이 이 섬을 강제로 점유해 버렸어요. 그런데 문제는 1991년 소련이 해체되면서 뱀 섬이 우크라이나로 넘어갔다는 거예요. 2004년 루마니아는 국제사법재판소에 이 문제를 제소했고, 국제사법재판소는 2009년 루마니아와 우크라이나 양측의 주장을 절충한 경계선을 제시했습니다. 두 나라 모두 여기에 동의하여 분쟁이 마무리되었지요.

쿠릴 열도의 4개 섬을 놓고는 일본과 러시아가, 댜오위다오를 둘러싸고는 중국과 일본이 갈등을 빚고 있어요. 북극에서는 러시아, 덴마크, 노르웨이, 미국, 캐나다 등 북극해 연안 5개국이 신경전을 벌이고 있지요. 지구 온난화로 빙하가 녹으면서 북극해에 묻힌 어마어마한 양의 심해자원 개발 가능성이 높아졌기 때문입니다.

인도와 파키스탄은 카슈미르 지역을 놓고 으르렁대고 있으며, 이스라엘과 팔레스타인은 너비 6~8km, 길이 40km, 면적 360㎢밖에 안 되는 가자 지구 때문에 60년 넘게 전쟁을 벌이고 있습니다.

이 밖에도 세계 곳곳에 분쟁 지역이 많습니다. 나라 사이의 영토 분쟁은 사람이 이 지구에 사는 한, 사라지지 않을 것 같아 보이네요.

온난화와 세계 지리

'지구 온난화'라는 말이 여기저기서 들려옵니다.
온난화와 세계 지리는 어떤 관계가 있을까요?
온난화 때문에 어떤 나라는 기후가 변하고 국토를 잃기도 합니다.
온난화가 이대로 진행되면 세계 지도의 모양이 달라질지도 몰라요!

온난화와 세계 지리 01

그린란드는 정말 초록 섬일까?

그린란드는 북아메리카 북동부 대서양과 유럽 대륙 노르웨이 서쪽 바다 중간쯤 자리 잡고 있습니다.

그린란드는 '세계에서 가장 큰 섬'이랍니다. 면적이 무려 216만 6086㎢나 된답니다. 숫자만 봐서는 얼른 감이 안 오죠? 우리가 살고 있는 한반도와 비교해 볼게요. 남북한을 합친 면적은 22만 2000㎢예요. 그린란드가 한반도보다 10배나 크다는 이야기입니다.

그린란드를 영어로 쓰면 'Greenland'예요. '초록 섬'이라는 뜻이지요. 이름만 보면 초록이 무성한 아름다운 섬이 머릿속에 그려질 거예요. 하지만 실제는 전혀 그렇지 않답니다.

이곳은 섬 전체의 85%가 두꺼운 얼음으로 뒤덮여 있어요. 빙하의 평균 두께는 평균 1500m이고 두꺼운 곳은 3000m나 된다고 해요. 사람이 살기에는 너무 혹독한 땅이지요.

여기서 한 가지 궁금증이 생기지 않나요? '얼음 땅'이라는 이름이 오히려 걸맞는 이곳이 왜 '초록 섬'이 됐을까요? 가장 널리 알려진 이야기는 바이킹 에리크와 관련된 것이랍니다.

이 땅은 서기 900년 무렵 아이슬란드 사람인 군뵤룬이 처음 발견했다고 해요. 그로부터 80여 년 뒤, 빨간 머리 바이킹 에리크 일행이 이곳에 도착합니다. 살인을 하고 아이슬란드에서 추방된 악당들이 살 곳을 찾아 온 것이지요. 이들을 맞이한 것은 온통 은회색 빙하뿐이었습니다.

그러나 에리크 일당은 새로 발견한 이 땅에 더 많은 사람이 모여들길 바랍니다. 자기들만의 힘으로는 얼음 땅을 개척하기 힘들어서였죠. 이리저리 궁리를 하던 에리크는 한 가지 꾀를 내지요. 그린란드라는 그럴싸한 이름을 붙인 것입니다. 만약 곧이곧대로 얼음 땅이라고 하면 사람들이 절대로 찾아오지 않을 것이라고 생각했기 때

문입니다.

  그로부터 1000여 년이 지난 지금, 그린란드는 이름값을 하고 있을까요? 그렇기도 하고, 그렇지 못하기도 하답니다. 우선 그린란드에는 6만 명도 채 안 되는 사람만이 살고 있습니다. 그것도 원주민이 85% 이상을 차지한다고 하네요. 더 많은 바깥 사람을 불러 모으고자 했던 에리크의 꾀가 별 효과가 없었던 모양입니다.

  그러나 한편으로는 그린란드에 조금씩 녹색이 번지고 있기도 합니다. 지구 온난화로 기온이 높아지고 겨울이 짧아졌기 때문입니다. 2007년에는 그린란드에서 키운 브로콜리, 양배추, 딸기가 현지 슈퍼마켓에서 판매돼 전 세계적으로 화제가 되기도 했습니다. 이제껏 감자를 제외한 야채 대부분을 덴마크에서 수입해 먹을 수밖에 없었으니까요. 지구 온난화가 이대로 계속 진행된다면 어쩌면 그린란드는 이름처럼 초록 섬이 될지도 모르겠습니다.

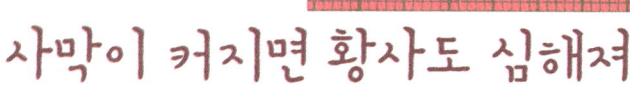

사막이 커지면 황사도 심해져

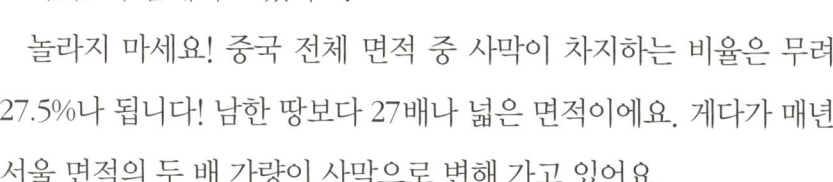

　여러분은 '봄' 하면 무엇이 가장 먼저 떠오르나요? 개나리? 벚꽃? 아니면 따사로운 햇살? 혹시 황사가 떠오르진 않나요? 멀리 중국에서부터 날아오는 흙먼지는 반갑지 않은 '봄 손님'이 된지 오래입니다. 중국 땅의 사막화가 갈수록 빨라지면서 황사도 점점 더 심해지고 있지요.

　놀라지 마세요! 중국 전체 면적 중 사막이 차지하는 비율은 무려 27.5%나 됩니다! 남한 땅보다 27배나 넓은 면적이에요. 게다가 매년 서울 면적의 두 배 가량이 사막으로 변해 가고 있어요.

　그런데 문제는 사막화가 중국만의 고민이 아니라는 것입니다. '세계 최대 사막'인 사하라 사막을 살펴보죠.

　아프리카 대륙 북부에 있는 사하라 사막의 면적은 약 860만 ㎢입니다. 아프리카 대륙 전체 면적이 약 3036만 ㎢이니까 사하라 사막이 대륙의 약 30%나 차지하고 있는 셈이지요. 게다가 이 사막은 해마다 남쪽으로 150㎞씩 계속 면적을 넓혀 가고 있습니다. 사람들은 집과 마을, 농장을 잃고 고향을 떠나고 있어요. 모래바람에 삶의 터전을 빼앗긴 거예요.

　이곳은 오래 전엔 풀과 나무가 가득했던 초록의 땅이었습니다. 사람들은 농사를 짓고 야생 동물을 키웠죠. 고고학자들은 사하라 사막의 땅속에서 고대 나무에서 나온 꽃가루와 풀씨, 그리고 동물의 뼈를 발견했습니다. 옛사람들이 그려 놓은 벽화에도 증거가 남아 있어요. 알제리의 타실리에는 이곳에 물이 풍부했음을 나타내는 그림이 그려져 있습니다.

　학자들은 약 1만 년 전까지는 사하라가 푸르렀다고 여기고 있어요. 지구 전체의 온도가 변하면서 이곳의 기후대가 건조하게 변한 것이라고 해요.

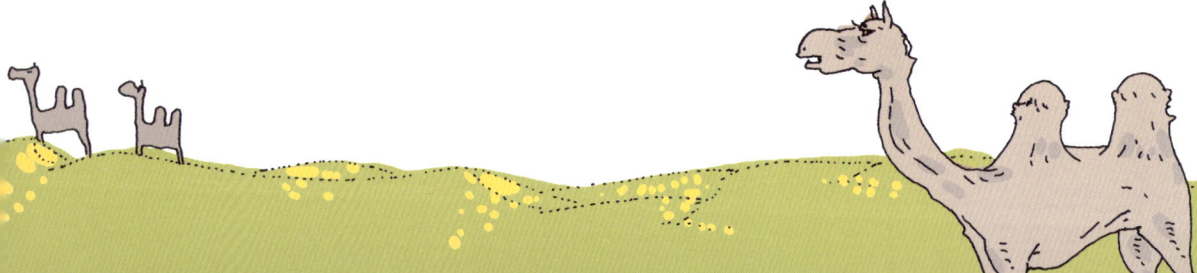

그러나 최근 사막 면적이 자꾸 늘어나는 것은 사람 탓이라는 의견이 대부분이에요. 가축의 증가와 무분별한 벌목, 그리고 환경오염으로 땅이 점점 황폐해졌기 때문입니다. 사막화로 인해 숲이 사라지면 강우량이 감소하여 땅의 수분이 더욱 적어져요. 결국 사막화의 속도는 점점 빨라지게 됩니다.

사막 가까이 살고 있는 사람들에게 물은 금보다도 더 귀한 대접을 받아요. 이들은 매일 아침 우물을 찾아 멀리 다녀와야 합니다. 어제 있었던 우물이 오늘 아침에는 모래로 뒤덮여 있는 경우가 많으니까요. 심한 경우에는 고향을 떠나야 하고요.

물론 사막 멀리 살고 있는 사람들도 사막화의 영향을 피해 갈 수는 없습니다. 당장 우리만 해도 봄마다 황사로 고통 받고 있잖아요?

온난화와 세계 지리 03

한반도는 아열대 기후?

한반도는 어느 기후대에 속할까요? 아직까지는 '온대 기후'가 맞는 답이었지만, 앞으로는 정답이 '아열대 기후'로 바뀔지도 모르겠습니다.

요즘 한반도의 겨울은 따뜻하고, 봄, 가을은 너무 짧습니다. 특히 여름 날씨가 심상치 않습니다. 2007년 여름, 장마가 끝났다는 기상청의 공식 발표 이후에도 보름 가까이 하루도 거르지 않고 비가 내렸는데요, 이때 내린 비의 양이 장마 때보다도 오히려 많았습니다.

아열대 기후는 아열대, 즉 열대와 온대 사이 지역에서 볼 수 있는 기후를 말합니다. 아열대의 범위는 정의에 따라 다르지만, 보통 위도 25~35° 사이에 해당됩니다. 현재 사용하고 있는 '기후 구분'을 처음 고안한 독일의 기상학자 쾨펜(1846~1940년)은 월평균 기온이 섭씨 20°를 넘는 달이 4~11개월인 곳을 '아열대'로 정의했습니다.

최근에는 월평균 기온이 10° 이상인 달이 8개월 이상이고, 가장 추운 달의 평균 기온이 18° 이하면서 얼지 않는 기후를 아열대 기후로 분류합니다. 동남아시아와 중국 화남 지역 등이 해당됩니다. 지중해성 기후도 아열대 기후에 속하지요.

우리가 살고 있는 한반도는 그동안 4계절이 뚜렷한 온대 기후로 분류되어 왔습니다. 장마가 끝난 뒤에는 땡볕과 무더위가 계속되는 것이 이 기후대의 한 특징입니다. 그러나 우리나라의 장마 뒤 날씨는 점점 온대 기후와는 거리가 멀어지고 있습니다. 기상청은 지난 2009년부터 장마의 시작과 종료를 예보하고 있지 않습니다. 지구 온난화의 영향으로 좁은 지역에 집중적으로 많은 비가 내리는 국지성 호우가 늘고 전체 비의 양도 많아서 장마 예보가 무의미해졌기 때문

입니다.

그러나 한반도를 아열대 기후로 보는 것은 아직은 성급하다는 의견도 있습니다. 국립산림과학원과 국립기상연구소 등은 우리나라가 완전히 아열대 기후로 바뀌려면 60~100년은 걸릴 것이라는 보고서들을 잇따라 내놓았습니다.

과학자들은 지구 온난화가 계속된다면 2100년까지 지구 온도가 섭씨 5.8° 상승할 것으로 내다보고 있습니다. 그때쯤 되면 한반도의 기후는 확실한 아열대가 되어 있지 않을까요?

온난화와 세계 지리 04

바닷속으로 가라앉는 섬나라들

투발루, 키리바시, 바누아투, 쿡 제도, 몰디브.

대부분 이름이 낯선 이 나라들은 2가지 공통점을 갖고 있습니다. 하나는 '작은 섬나라'라는 점, 또 하나는 지구상에서 곧 사라질 위기에 처해 있다는 점입니다.

이 나라들은 매년 조금씩 바다 밑으로 가라앉고 있답니다. 지구 온난화의 영향으로 빙하가 녹으면서 해수면이 높아지기 때문이죠. 과학자들은 '앞으로 50~100년 후면 태평양의 웬만한 섬나라들은 바다 밑으로 가라앉을 수 있다'고 경고

하고 있습니다.

 이 중 바닷속으로 사라지는 첫 번째 나라가 될 가능성이 가장 높은 나라는 단연 투발루입니다. 남태평양의 섬나라 투발루는 면적이 25.9㎢에 불과한, 세계에서 4번째로 작은 국가예요. 인구도 1만 2000여 명밖에 안 됩니다.

 이곳의 국토는 평균 해발고도가 3m 정도로 매우 낮고 평평해요. 가장 높은 곳이 4m가 채 안 된답니다. 그래서 바닷물의 수위가 높아지는 만조 때가 되면 섬 안쪽까지 물이 차 오르는 상황이라고 해요. 투발루는 매년 5~6mm씩 물에 잠기고 있어요. 나라를 이루고 있는 9개의 작은 섬들 가운데 2개는 이미 물에 잠겨 버렸습니다. 어

쩔 수 없이 국민들은 하나 둘 나라를 등지고 있어요. 지난 10년간 투발루를 떠난 주민은 2000여 명에 달합니다. 정부 역시 최후의 수단으로 국민 모두를 이민 보낼 방법을 찾고 있는 형편입니다.

키리바시는 투발루 북쪽에 있어요. 섬 33개로 이뤄져 있으며, 해발고도는 4.3m 정도예요. 이 나라를 둘러싸고 있는 바닷물 역시 연간 5.3mm씩 상승하고 있습니다. 무인도였던 테부아 타라, 아부누에아 섬은 1999년에 이미 바닷속으로 가라앉았고요.

해수면이 자꾸 높아지면서 주민들은 계속 주거지를 내륙 쪽으로 옮겨 왔어요. 그러나 섬 대부분이 좁고 긴 형태라 더 이상 옮길 곳도 없는 형편이랍니다. 결국 이 나라 정부도 10만 5000명에 달하는 국민 전부를 섬 밖으로 이주시키는 방안을 검토 중입니다.

인도양의 세계적인 휴양지 몰디브도 딱한 사정이기는 마찬가지예요. 산호초로 된 1200개의 섬들은 해발 높이가 모두 1.8m 이하. 현재 속도로 해수면이 계속 오른다면 몰디브는 21세기 중에 완전히 물에 잠기고 말 것으로 보입니다.

문제는 이들 나라의 노력만으로는 어두운 미래를 바꿀 수 없다는 것입니다. 국제 사회가 지구 온난화의 주범인 온실 가스를 줄이고, 재생 가능한 에너지를 만들기 위해 노력해야 합니다. 이들 섬나라의 운명이 우리 모두의 손에 달렸습니다.

온난화와 세계 지리 05

북극의 얼음이 녹으면 어떻게 될까?

　남극과 북극은 마치 쌍둥이 같아요. 그런데 둘은 모든 게 꼭 닮은 '일란성 쌍둥이'가 아니라, 닮은 듯 서로 다른 '이란성 쌍둥이' 랍니다.

　우선 다른 점부터 찾아볼까요?

　남극은 거대한 '대륙'이에요. 하지만 북극은 그저 바다에 떠 있는 두꺼운 얼음 덩어리가 대부분이에요. 북극권이란 북극점을 중심으로 북위 66° 30′ 안쪽 지역을 뜻해요. 전체 면적은 2600만㎢로, 지구의 5%쯤 되지요. 북극해를 중심으로 북아메리카 대륙과 유럽·아시아 대륙, 그리고 그린란드 등의 섬에 둘러싸여 있어요.

　북극에는 오래전부터 사람들이 살아왔어요. 바로 얼음으로 만든 집, 이글루에 살면서 개 썰매로 이동하는 '에스키모'입니다. 남극이 인간을 받아들이지 않은 것과는 대조적이에요. 북극은 해양성 기후라 대륙성 기후인 남극보다 한결 따뜻하기 때문입니다.

　그러나 북극은 남극과 닮은꼴이기도 해요. 남극처럼 거대한 얼음과 눈에 뒤덮여 기온이 무척 낮은 것도, 인간의 발길이 덜 닿아 자연환경이 깨끗한 것도 비슷해요. 지구 온난화에 민감하게 반응하는 것도 똑같지요. 지난 100년 동안 북극 지역은 평균 기온이 2°나 올랐습니다. 이는 지구 전체 평균 상승률의 2배에 해당되는 수치랍니다. 1979년 이후에는 남한 면적의 약 26배에 해당하는 260만 ㎢의 얼음이 녹아 버렸어요.

　1909년 미국 탐험가 피어리가 북극점에 도달한 이후 북극은 줄곧 쓸모없는 얼음덩어리 취급을 받아 왔어요. 그러나 이곳에 엄청난 자원이 묻혀 있다는 사실이 알려지면서 '자기네 땅'이라고 우기는

나라들이 하나 둘 나타나기 시작했어요. 가장 먼저 행동에 나선 것은 러시아예요. 러시아는 잠수정 2대를 북극 심해로 보내 해저 4261m 지점에 티타늄으로 만든 러시아 국기를 꽂았어요. 전 세계를 향해 보란 듯이 시위를 한 것이죠.

미국 지질조사센터의 최근 조사에 따르면, 북극 바다 밑에는 무려 1660억 배럴의 석유와 천연가스가 묻혀 있다고 해요. 전 세계 매장량의 약 20%에 이르는 어마어마한 양이죠. 수산자원도 풍부해요. 전 세계 어획량의 37%가 이곳에서 잡히고 있답니다.

무엇보다도 북극에 대한 관심이 갈수록 높아지는 것은 온난화로 얼음이 녹고 있기 때문이에요. 얼음이 녹으면 자원을 개발하기 쉬워지고, 또 북서 항로가 뚫릴 가능성이 높아지거든요. 북극을 통과하는 북서 항로는 대서양과 태평양을 잇는 가장 짧은 바닷길이에요. 파나마 운하를 통과하는 지금의 대서양 대평양 항로보다 무려 40000㎞ 이상 짧지요.

물론 북극은 남극과 마찬가지로 어느 누구의 것도 아니에요. 하지만 북극의 얼음이 녹으면 녹을수록 이곳을 둘러싼 분쟁은 점점 더 치열해질 것으로 보여요. 북극의 불행이 몇몇 나라에게는 새로운 기회로 보이는 것 같아 씁쓸하기만 합니다.

온난화와 세계 지리 06

쪼그라드는 호수, 차드 호

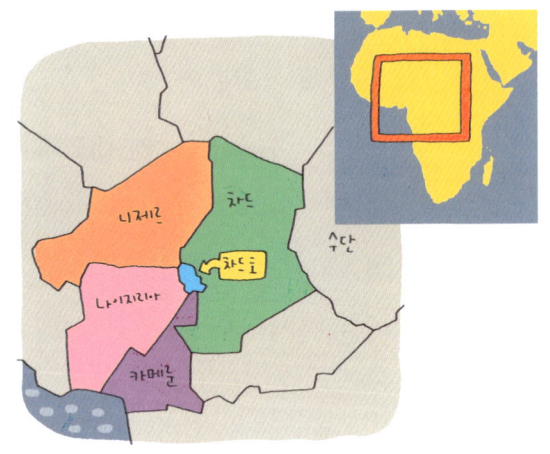

1980년대 큰 인기를 끌었던 대중가요 중에 '아, 옛날이여'라는 곡이 있습니다. 아름다웠던 지난날을 그리워하는 내용이지요. 만약 호수가 노래를 부를 수 있다면, 아프리카의 차드 호는 분명이 노래를 구슬프게 부르고 있을 겁니다. 지금의 모습은 40여 년 전과 비교해 볼 때 너무나 초라하거든요. 차드 호는 '옛 모습을 찾아볼 수 없을 만큼' 망가졌습니다!

차드 호는 아프리카 대륙 중서부에 있어요. 가장 깊은 곳이 12m, 평균 깊이 1.5m로 얕은 호수예요. 소금기가 많은 염호이기도 해요. 여러 개의 하천을 통해 호수로 물이 흘러 들어오지만 물이 나가는 길은 따로 없거든요.

 2007년 면적은 2600㎢. 제주도 면적의 약 1.5배나 될 만큼 크다 보니 웬만한 세계 지도에서 뚜렷하게 모습을 드러내지요. 그러나 40여 년 전과 비교해 보면 현재의 모습은 초라하기 짝이 없어요. 1960년대만 해도 차드 호는 세계에서 6번째, 아프리카에서 2번째로 큰 호수였거든요. 1963년 측정된 최대 면적은 무려 2만 5000㎢입니다. 남한 전체 넓이의 4분의 1이나 차지했던 어마어마한 호수가 불과 45년 만에 10분의 1로 줄어든 것입니다. 니제르, 나이지리아, 카메룬, 차드 등 4개국에 폭넓게 걸쳐 있던 호수는 이제 거의 차드 쪽에만 남아 있을 뿐이에요.

 이유는 크게 두 가지예요. 지구 온난화 때문에 가뭄이 계속됐거든요. 인구 증가도 한 몫 했어요. 1960년대 독립을 선언한 주변 국가들은 개발을 위해 앞다퉈 물길을 만들고, 물을 뽑아 쓰기 시작했어요. 호수 근처

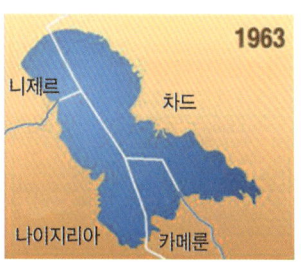
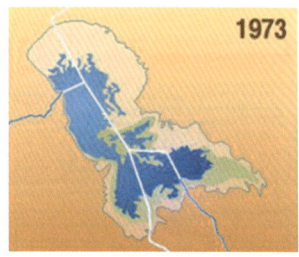
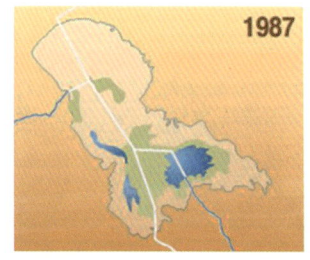

에 사는 인구는 1960년대 1300만 명에서 최근엔 2600만 명으로 늘어났어요. 딱 2배가 된 것이죠. 비는 안 오고 물은 함부로 퍼 쓰니 호수가 바닥을 드러낼 수밖에 없었겠죠?

몇 해 전 아프리카를 방문해 차드 호를 둘러본 반기문 유엔 사무총장은 이렇게 말했다고 해요. "인류의 재산인 수자원이 얼마나 쉽게 망가질 수 있는지 똑똑히 알게 됐다"고요.

호수를 망가뜨린 것은 다름 아닌 우리 인간입니다.

베네치아도 물에 잠기고 있어

세계적으로 이름난 관광지이면서 단 한 대의 자동차도 볼 수 없는 곳이 있다고 해요. 이탈리아의 베네치아가 바로 그곳이랍니다.

베네치아는 이탈리아 북동부 아드리아 해 북쪽 해안에 자리 잡고 있어요. 118개의 섬이 400여 개의 다리로 연결된 물의 도시랍니다. 이곳은 '낭만이 흐르는 도시'로 이름난 곳이에요. 하루 평균 5만 명의 관광객들이 몰려드는, 그야말로 세계 최고의 관광지입니다.

그러나 이 도시의 역사는 '낭만' 대신 '비극'에서 출발했어요. 567년 롬바르디아의 피난민들은 중앙아시아에서 온 기마 민족인 훈족에 쫓기고 쫓겨 베네치아 만에 도착했습니다. 그곳은 갈대가 무성한 얕은 습지대였어요. 사람이 살기에 적당한 곳은 아니었지만, 더 이상 갈 곳이 없었던 그들은 그냥 이곳에 눌러앉았어요. 다행히 얕은 물속 바닥은 단단한 진흙이었지요. 사람들은 호수 바닥에 튼튼

한 떡갈나무 말뚝을 박고, 그 위에 하나 둘 작은 마을들을 세워 나갔어요. 그렇게 세워진 마을과 마을은 작은 다리로 연결됐지요.

그래서 베네치아의 교통수단이라고는 오로지 배뿐이에요. 그러나 물의 도시답게 배의 종류는 다양하답니다. 대부분의 여행자들은 싼 값으로 이용할 수 있는 '수상 버스'를 타요. 조금 여유가 있는 관광객들은 '수상 택시'를 주로 타지요.

그러나 베네치아의 명물은 뭐니뭐니해도 '곤돌라'예요. '흔들리다'라는 뜻의 곤돌라는 길이 10m 이내, 너비 1.2~1.6m에 불과하며, 승객을 5~6명 정도 태울 수 있어요. 이렇게 작고 날렵한 배에 서서 노를 젓는 것은 아무나 할 수 없는 일이에요. 뱃사공들은 보통 3년 정도 훈련을 받아야 비로소 독립할 수 있다고 해요. 그래서 요금도 꽤 비싸요. 30분에 60유로(약 10만원) 정도 하니까요.

그런데 이 아름다운 도시가 앞으로 100년 안에 물에 잠겨 사람이 살기 어려워질 수 있다는 경고가 잇따라 나오고 있어요. 역

시 지구 온난화로 해수면이 갈수록 높아지고 있기 때문이에요. 비극에서 출발했지만 낭만을 일궈 낸 사람들이 이번에도 현명하게 대응할 수 있을까요?

지구온난화의 영향

지구가 갈수록 더워지고 있어요. 유엔 산하 정부 간 기후변화위원회(IPCC)가 최근 발표한 보고서를 보면, 지난 1906년부터 2006년까지 100년 동안 지구의 평균 기온은 0.74°나 올랐다고 합니다. 지구의 평균 기온이 1.5° 상승하면 최대 17억 명이 물 부족에 놓이고, 3000만 명이 굶주림에 시달릴 수 있다고 해요.

무엇보다 해수면 상승이 문제예요. 해수면은 1961년부터 2003년까지 매년 1.8mm씩 높아졌으며, 1993년부터 2003년까지는 매년 3.1mm 높아졌어요. 해가 갈수록 상승폭이 커지고 있습니다.

해수면이 높아지면 섬이나 해안에 사는 사람들의 생활이 불안정해집니다. 실제로 투발루, 나우루, 키리바시 등 태평양의 섬나라들은 곧 물에 잠길 수 있는 다급한 상태이지요.

작은 섬들뿐 아니라 우리나라도 지구 온난화의 영향을 심각하게 받고 있답니다. 동해안의 수온이 올라가면서 명태와 도루묵이 더 이상 잡히지 않게 되었고, 대신 따뜻한 물에 사는 오징어와 멸치의 어획량은 크게 늘었어요. 독성 해파리가 예년보다 이른 시기에 발견되면서 여름철 피서객들은 물론이고 양식장도 연간 수백억 원씩 피해를 입고 있지요. 또

남부 지방의 기후가 아열대성으로 바뀌면서 온대 과일인 사과의 재배 면적이 감소한 대신, 복숭아를 키울 수 있는 지역은 넓어졌어요. 제주에서만 재배되던 감귤은 뭍으로 올라왔답니다.

철새들도 변하고 있어요. 왜가리와 백로, 황로 등 대표적인 여름 철새들은 텃새로 변하고 있으며, 가을이 돼도 제비는 강남으로 떠나지 않고 겨울철이 지나도록 눌러 삽니다.

지구 온난화는 우리 사람에게도 피해를 줍니다. 온난화로 오존 농도와 황사가 심해지면서 천식 환자가 크게 늘었는데, 치료도 잘 안 된다고 합니다.

지구의 온도가 자꾸 높아지는 것은 석유와 석탄 같은 화석 연료와 프레온 가스의 사용이 늘어났기 때문이에요. 숲이 파괴되고 있는 것도 큰 문제입니다. 지금 당장 편하겠다는 이기심이 인류의 현재와 미래를 위협하고 있는 셈이랍니다.

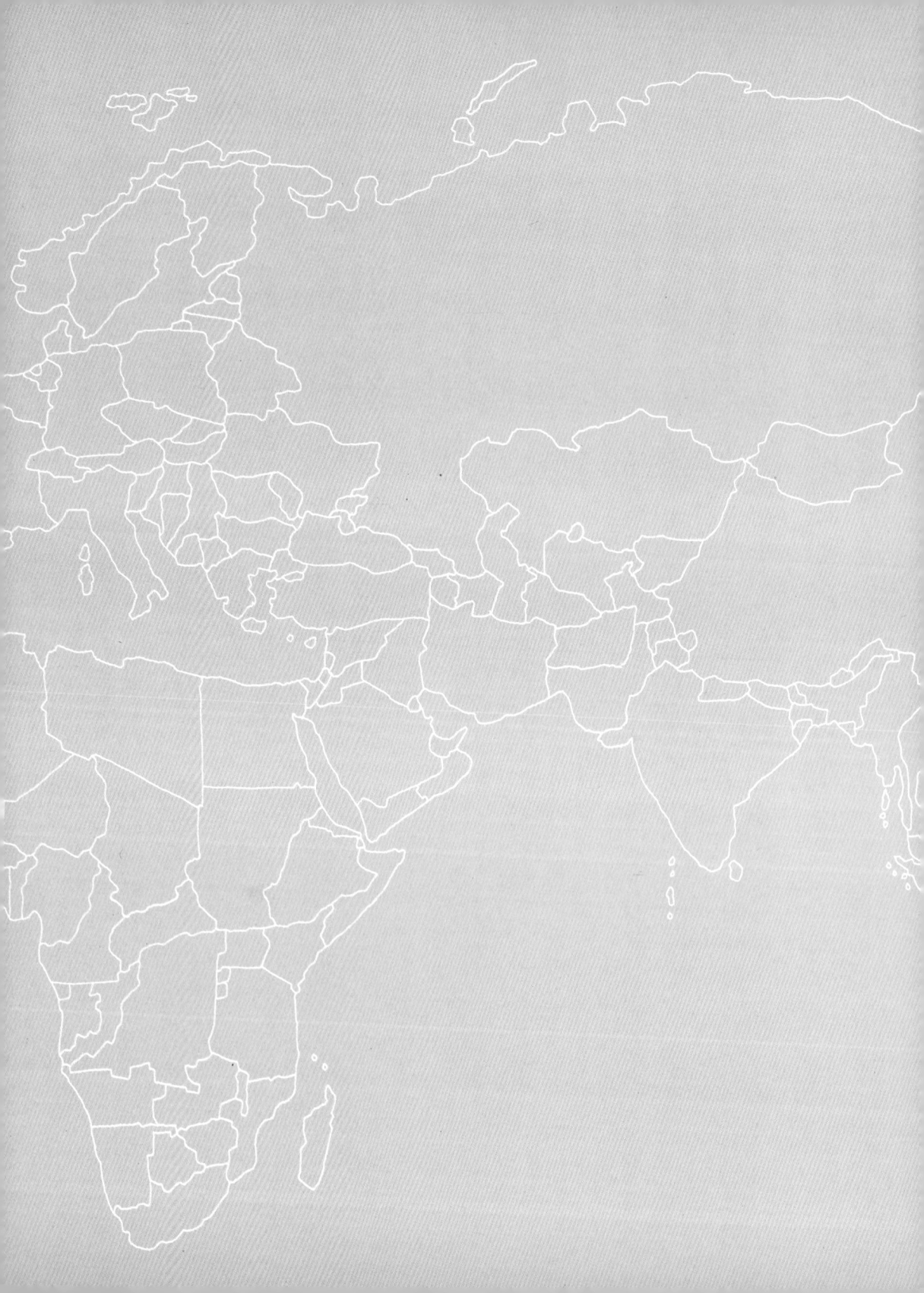

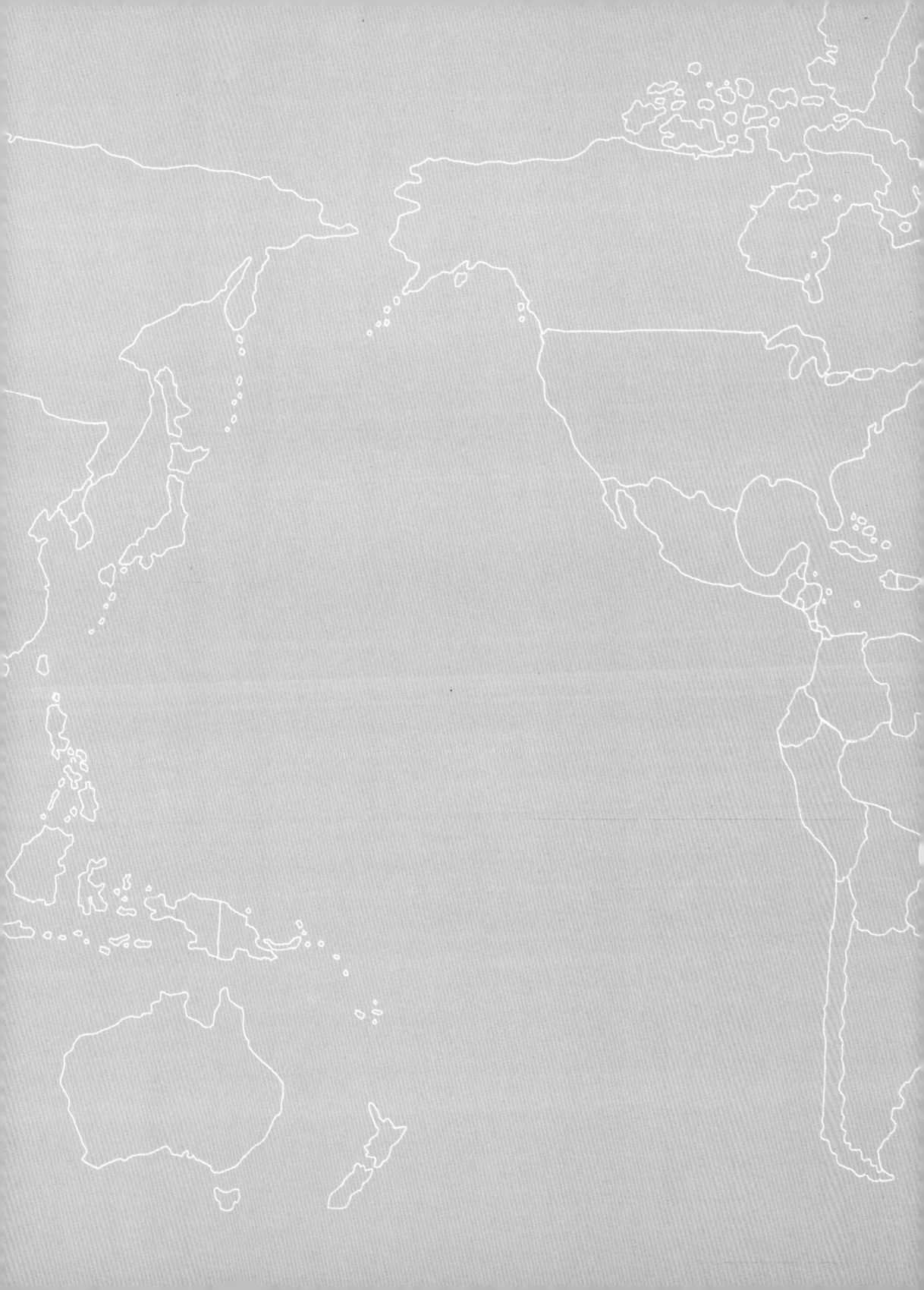